나는
외롭다고
아무나 만나지
않는다

나는
외롭다고
아무나 만나지
않는다

사랑이 힘든
사람들을 위한
까칠한 연애 심리학

정신과 전문의
양창순 지음

다산
북스

우리는 사랑을 통해 성장한다

길을 가다가 백일홍이 무더기로 피어 있는 것을 보았다. 반가운 마음이 들면서 이상하게 그리움 비슷한 감정에 사로잡혔다. 하지만 그 감정의 정체가 무엇인지는 알 수 없었다. 가던 길을 마저 가다가 나는 문득 깨달았다. 그것은 내가 사랑했으나 지금은 잃어버리고 없는 모든 것들에 대한 애달픈 그 무엇이었다. 어린 시절에는 참 흔했는데 요즘엔 쉽게 만날 수 없는 소박한 꽃 무더기가 나를 상실의 슬픔으로 이끌었던 것이다.

상실의 슬픔 중에서도 가장 아픈 건 물론 사랑이다. 아마도 그래서 사랑은 동서고금을 통해서 가장 많이 쓰이고 읽히는 주제가 되고 있는 것이리라. 그런데도 우리는 '사랑이 뭐지?'란 질문 앞에서 여전히 망설인다. 사랑의 열병에서 이제 막 빠져 나온 사람들조차 '고작 이런 게 사랑이야?' 하고 되묻기도 한다. 또다시 새로운 상대를 찾아 나서지만 결과는 매번 비슷한 경우가 많다. 흔히 '연애로 다친 마음은 다른 연애로 치유하면 된다'고들 한다. 하지만 누군가를 잊기 위해서, 실연의 상처를 달래기 위해서 다른 상대를 만나는 것은 그다지 좋은 방식은 아니다. 성급하게 아무나 만나게 될 확률이 매우 크기 때문이다.

한 가지 분명한 것은 우리는 사랑을 통해서 성장해가는 존재란 사실이다. 누군가를 만나 사랑에 이르고 또 때로는 그 사랑을 잃어버리면서 우리는 진정한 나와 마주할 때가 많다. 내가 지닌 성격과 기질, 자라온 환경, 과거의 경험, 세상을 보는 나만의 가치관 등에 대해 가장 시험을 받는 관계가 바로 연인 사이기 때문이다. 그러므로 그 과정을 통해서 성장해가는 것이 당연하다. 그것이 바로 사랑이 지닌 힘이다. 그래서 일찍이 쇼펜하우어는 말했다. "사랑만이 우리를 견디게 한다"고. 우리가 외롭다고 아무나 만나는 대신 서로의 성장에 도움을 줄 수 있는 사람을 만나야 하는 이유도 그 때문이다.

이따금 책에도 저마다의 운명이 있다는 생각을 한다. 한 권의 책이 각기 다른 판본을 갖는 경우가 있기 때문이다. 출판사가 바뀌면서 책 제목과 편집이 달라지기도 하고 새로운 글들을 보강해 개정판을 내게 되기도 하는 것이다. 이 책 역시 두어 번 그런 운명을 겪었다. 이번 경우에는 엄격한 의미에서 개정판은 아니다. 그보다는 아주 잠깐이지만 출판사의 사정으로 절판되었던 것을 새로운 곳에서 새 옷을 입고 다시 선보이는 것에 해당한다. 이번의 출판은 내게 그 어느 때보다도 큰 의미를 지닌다. 내가 가장 애정을 갖고 있는 책 중의 한 권이기 때문이고, 그래서 더 많은 독자가 함께 읽어주길 바라는 마음이 있다. 독자들에게도 나의 그런 깊은 애정이 전해지기를 간절히 바란다.

양창순

사랑의
사계(四季)

봄, 왜냐고 묻지 말고 사랑에 빠져도 좋은 시절

:

젊은 시절, 도발, 유혹, 기쁨, 봄, 새벽 같은 단어들을 좋아하던 친구가 있었다. 새벽과 봄은 나 역시 여전히 좋아하는 단어들이다. 봄은 애잔해서 좋고 새벽은 투명해서 좋다. 그 시절, 봄날의 새벽 같은 사랑을 꿈꾸던 친구는 지금도 봄이 되면 이틀이고 사흘이고 자신에게 무한한 자유를 약속하며 여행을 떠나곤 한다.

"난 봄이 되면 내 몸 밑뿌리에서부터 뭔가가 솟아오르는 것을 느껴. 새 이가 돋아나는 아기의 기분이 아마 그럴 거야."

그래서 친구는 자신에게 왜냐고 묻지 않고 어디든 떠나게 된다고 한다. 봄날에 우둔한 질문을 하는 것은 인간뿐이라며.

이처럼 봄이 되면 살아 있는 모든 것들은 이유를 묻지 않고 새 삶을 준비한다. 새순은 돋아나도 좋으냐고 묻지 않고 움터 나오고, 꽃은 피어도 좋으냐고 묻지 않고 온 천지에 흐드러진다. 나비는 날아올라도 좋으냐고 묻지 않고 날개를 퍼덕이고, 바람은 불어도 좋으냐고 묻지 않고 살랑거린다. 질문하고 따지고 저울질하는 것은 인간뿐이다. 다만 사랑만은 봄과 같다. 사랑은 시작해도 좋으냐고 묻고 진행되는 것이 아니다. 어느 날 기습처럼 찔리면 어쩔 수 없이 그것에 사로잡히는 것이 사랑이다.

정신과 의사라는 직업 탓에 나는 사랑 때문에 지독한 아픔으로 괴로워하는 젊은 사람들을 자주 만난다. 그때마다 내가 느끼는 것은 그들의 영혼이 무구하지 않다면 아픔도 덜 겪으리란 것이다. 그러면서 생각한다. 혹독한 사랑이 어울리는 것은 젊은 시절뿐이라고. 훗날 돌이켜보면 그대들이 애달파하는 만큼 가장 풍요롭게 기억할 날들 역시 그 시절뿐이라고.

그 시절이 가버리고 나면 더 이상 '왜?'라는 질문 없이는 모든 것이 불가능한 나이가 시작된다. 햇살이 따뜻한 봄날, 왜냐고 묻지 말고 한 번쯤 사랑에 빠져볼 일이다. 그대가 젊다면 더욱더 간절하게. 그 나이에 몸살 나는 사랑을 앓아본 사람이어야 나중에도 어느 시인의 표현처럼 '추억과 욕망을 뒤섞어가며' 그 시절의 봄날을 기억할 수 있을 것이다. 그런 후에야 내면에서 솟아오르는 열망만으로 혼자 떠나는 여행도 가능하지 않겠는가.

여름, 젊은 날에만 허락되는 축복된 사랑

∶

한여름, 깊은 산중에서 비 오기 직전의 적막을 경험한 적이 있는가? 갑자기 숲은 침묵하고 새들은 날개를 접는 그 적막 뒤에 무섭게 쏟아져 내리는 소나기는? 언제던가, 그 비를 맞으며 나도 모르게 자연의 경이로움에 무릎을 꿇은 적이 있다. 그 순간 나를 사로잡던 감정을 어떻게 말로 표현할까. 지금도 나는 유난히 여름이 무덥고 짜증스러우면 그때의 탁 트인 해방감을 상기하며 치료제로 삼곤 한다.

여름은 누가 뭐래도 가슴 울렁거리는 원색의 계절이다. 어릴 때 해수욕장에서 본 빨갛고 노란 비치파라솔의 기억, 힘차게 솟아오르던 자유를 향한 열망, 은폐가 불가능한 유혹의 냄새, 해수욕장이 끝나는 산자락의 절 마당에 피어 있던 해당화, 그 위로 내리꽂히던 메마른 햇살…… 그 어린 날의 삽화는 지금도 내 마음 한편에 남아 이따금 내 중년의 삭막한 삶을 위로한다.

존재 자체로 눈부신 탓인가, 여름 사랑에는 비밀이 없다. 서로 모든 것을 드러내놓고 건강하게 부딪치다 보니 애초에 숨길 그 무엇도 없는 것이다. 그 건강한 여름 사랑은 젊은 날에만 허락되는 생의 축복인지도 모른다.

진홍빛 능소화가 마당에 뚝뚝 떨어지는 날, 사랑하는 사람이 곁에 있다면 서로 손 잡고 숲 속으로 걸어 들어가볼 일이다. 그리하여 숲속의 어둡고 서늘한 냉기가 이마를 선뜩하게 할 때 사랑의 열기는 성숙한 아름다움으로 승화되리니………

가을, 상실감으로 더욱 깊어지는 사랑

봄날에 우둔한 질문을 하는 존재가 인간뿐이라면 가을이 되어 성급하게 해답을 찾아 나서는 존재도 인간뿐이다. 자연은 가을이 되면 왔던 곳으로 돌아가기 위해 조락을 준비한다. 꽃은 시들고 나무는 잎을 떨군다. 그 자연의 겸허함 앞에서 나이 들수록 늘어만 가는 인간의 서툰 분칠은 얼마나 덧없고 초라한가. 그리하여 한 시인은 '가을에는 겸허하게 하소서' 하고 기도했는지도 모른다.

가을은 우리 삶으로 처도 이제 겸허한 마음으로 지나온 길을 돌아보고 그 추억을 서랍에 갈무리할 때다. 그러나 여름날 성숙의 아픔을 겪지 않은 사람의 서랍은 텅 비어 있을 수밖에 없다. 성급하게 휘저어본들 그 안에서 손에 잡히는 것은 아무것도 없다. 치열한 삶을 살지 않은 대가라기엔 허무가 너무 크다.

그것을 견디지 못하고 신경증에 걸려 병원을 찾는 사람들도 많다. 그들에게는 스스로 두려움과 불안을 극복하도록 허무의 깊이를 깨닫게 해주고 문제를 좀 더 명쾌하게 수면 위로 끄집어내주는 것 외에 뾰족한 처방은 없다.

우연히 오스트리아 작가 잉게보르크 바하만의 산문집에서 '시월은 마지막 장미의 달'이라는 구절을 발견하고부터 내겐 이상한 버릇이 하나 생겼다. 시월의 마지막 날이 가까워 올 때마다 주변의 장미들을 살펴보게 된 것이다. 그러던 중에 올해는 정말 시월이 끝나면서 바로 어제까지 꽃잎이 빳빳하던 장미가 속절없이 시든 것을 보고 혼자 탄식했다.

가을 장미처럼 가을 사랑은 어딘지 허무를 동반한다. 간밤의 첫 가을비에 수북하게 떨어진 꽃잎들을 보면서 생의 애달픔을 반추하듯이, 가을 사랑은 고독한 이별을 예감하는 것이 다일지도 모른다. 그러나 상대의 상실과 이별이 숙명적인 것이라면 그로 인해 더욱 깊어지는 것이 사랑이 아니던가.

겨울, 관조의 여유로 다시 보는 세상

겨울의 건널목이라는 11월이 흔적 없이 지나가더니 어느새 한 해의 마지막인 12월이 눈앞을 가로막고 있다. 해마다 꽃은 같이 피지만 사람은 같지 않다더니, 비로소 '황금의 날들은 흘러가버렸네'라고 한탄한 시인의 마음을 헤아릴 것도 같다.

허전해진 심사는 우울한 12월을 예감하고, 지레 겁을 먹는 나는 더 분주하고 꼼꼼하게 일상을 챙기는 것으로 감상에 빠지는 스스로를 경계한다. 그러나 하나 남은 마지막 달은 지난 한 해를 제대로 살아냈느냐는 서슬 푸른 질책을 거두려 하지 않는다.

헐벗은 숲에는 나뭇잎 하나 없고 땅 위엔 꽃 한 송이 없는 탓인가, 겨울은 바깥 세계보다는 내면으로 침잠하는 계절이다. 그래서 더욱 일탈이 허용되지 않는지도 모르겠다.

인간에게 구원은 궁극적으로 자기 존재의 의미를 찾을 때만이 가능하다. 그러기 위해서는 봄의 애잔함과 여름의 치열함, 가을의 조락을 거쳐 겨울의 관조가 필요하지 않을는지. 내면으로 침잠해

들어갈수록 우리는 어떻게 인생을 살아냈느냐에 따라 내 안에서 고요하고 맑은 샘을 발견할 수도 있고 소용돌이치는 폭포의 구멍을 발견할 수도 있다.

어느 쪽 삶이 현명한지는 각자 살아온 삶의 궤적에 따라 평가가 달라질 것이다. 한 가지 분명한 것은 생의 마지막에 관조의 여유를 가질 수 있다면 혹독한 봄날의 사랑도, 치열한 여름날의 사랑도, 가을 사랑의 허무도 다 끌어안을 수 있다. 그것만으로도 생의 완성은 이루어지는 것이 아닐까.*

---

* 필자의 다른 책에 들어 있었으나 이 책에 훨씬 더 잘 어울리는 글이라는 생각에서 재수록했다.

차례

Chapter 1

불안하다고,
외롭다고
아무나 사랑하지 않는다

Chapter 2

사랑은 잃어도
나 자신은
잃지 마라

Chapter 3

당신은
연애하기에
충분히 좋은 사람이다

Chapter 4

집착과 의존에서
벗어나면
진짜 사랑이 온다

Chapter 5

그것은
더 이상
사랑이 아니다

Chapter 6
홀로 설 수 없다면 둘이서도 함께 설 수 없다

Chapter 7
이별이 없으면 만남도 없다

Chapter **1**

⋮

불안하다고,
외롭다고
아무나 사랑하지 않는다

물론 안다. 자신만 빼고 모두가 아무 문제없이 행복하
게 잘 살고 있는 것 같은 마음의 허기가 느껴질 때, 더
더욱 외로워진다는 사실을. 하지만 자신의 감정이 롤
러코스터를 타는 것처럼 불안한 상태에서 단순히 외
롭다는 이유로, 누군가를 삶에 동승시키는 것은 매우
위험한 일이다. 자신의 감정도 주체하지 못하는 사람
이 타인의 감정을 왜곡 없이 있는 그대로 받아들이기
란 말처럼 쉽지 않다.

함께 있어도
외로운 이유

:

흔히 "연애를 하면 행복할 줄 알았는데 더 외롭고 불행한 이유를 모르겠다"라고 하소연하는 사람들이 있다. 이런 사람들은 연애를 겁내면서도 끊임없이 상대를 찾아다닌다. 그런가 하면 단 한 번도 쉬지 않고 바로바로 연애를 하는 사람도 많다. 그 이유를 물어보면 "외로우니까"라고 대답하는 경우가 대부분이다. 그들이 혼자 있는 시간을 못 버티는 건지, 혼자 있는 방법을 모르는 건지 알 수 없을 때도 있다. 아마도 양쪽 다일 테지만.

인간에게 고독은 너무도 자연스러운 감정이다. 인간은 누군가가 돌봐주지 않으면 생존 자체가 불가능한 상태로 이 세상에 태어난다. 따라서 인간에게는 누구나 무력한 존재로서 무서운 사람들에 둘러싸여 있다는 근원적인 공포가 있다. 이것이 바로 인간에게 고독이 숙명일 수밖에 없는 이유다. 어찌 보면 뼈아픈 외로움을 느끼는 것이 당연하다는 이야기다.

그러므로 단지 외롭다는 이유로 자신의 에너지를 허무한 연애로 소모하거나, 상대에게 사랑과 애정을 갈구하는 것으로 소비하는 것은 어딘지 억울하지 않은가? 그보다는 오히려 연인과 함께 있을 때는 그 시간에 충실하고, 혼자 있는 시간을 현명하게 보내는 것이 더 중요하지 않을까?

외로움을 채우기 위해 시작된 관계라도 매우 운이 좋아 괜찮은 사람을 만난다면 뭐, 해피엔딩이 될 수도 있다. 하지만 그렇지 않은 경우라면 이야기는 완전히 달라진다.

결핍이 있고 불안한 상태에서는 이성적인 판단이 힘들다. 그런 상황에서는 상대가 어떤 사람인지, 나와 잘 맞는 사람인지, 인간적으로 괜찮은 사람인지 등을 깊이 생각해보려 하지 않는다. 오로지 지금 내 외로움을 채워줄 수 있느냐 없느냐가 가장 중요한 요소로 작용한다.

이런 상태에 놓여 있는 사람은 당장의 재미와 외로움을 잊게 해줄 더 자극적인 어떤 것을 원하기 마련이다. 때문에 배우자가 있는 사람과 연애를 하거나 바람둥이인 줄 알면서도 관계를 끊지 못하기도 한다. 또한 상대가 누구라도 상관없다는 사고방식을 자신도 모르는 사이에 갖게 된다.

외로움은 어디서 시작되는가

막연하게 외롭다는 이유로 기댈 누군가를 찾고 있다면, 그저 혼자 있고 싶지 않다는 생각에 마음에도 없는 연애를 시작하려 한다면, 자신의 외로움이 어디서부터 오는 것인지를 살펴볼 필요가 있다.

사람마다 얼굴 모습이 모두 다르듯, 같은 외로움을 느끼고 있다 해도 그 이유 역시 모두 다르다. 어떤 사람은 애정결핍이어서, 어떤 사람은 불안해서, 어떤 사람은 자존감이 낮아서 혼자라는 외로움을 느낀다. 또 하나, 외롭다는 것은 꼭 사랑을 하고 있지 못해서 느끼는 감정만은 아니다. 그러므로 날 외롭게 하는 원인이 무엇인지를 먼저 찾아내 이를 해결하면 외로움을 달래기 위한 수단으로 연애라는 형태를 취하지 않아도 된다.

사실 그렇지 않은가. 현재 느끼는 외로움이 근본적인 인간 본연의 외로움일 수도 있고, 일이 풀리지 않아 누군가를 만나 그 상황을 타파해보려는 몸부림일 수도 있다. 따라서 누군가를 만나는 것보다 차분히 자신만의 시간을 갖고 내가 외로운 이유를 생각해보는 것이 우선되어야 한다. 좀 더 자신에게 집중하는 시간을 보내며 스스로 다독이는 작업이 필요하다.

물론 안다. 자신만 빼고 모두가 아무 문제없이 행복하게 잘 살고 있는 것 같은 마음의 허기가 느껴질 때, 더더욱 외로워진다는 사실을. 하지만 자신의 감정이 롤러코스터를 타는 것처럼 불안한 상태에서 단순히 외롭다는 이유만으로 누군가를 삶에 동승시키는 것은 매우 위험한 일이다. 자신의 감정도 주체하지 못하는 사람이 타인의 감정을 왜곡 없이 있는 그대로 받아들이기란 말처럼 쉽지 않다.

너무 흔한 말이지만 나 자신을 사랑하는 사람만이 다른 누군가도 사랑할 수 있다. 우리가 그토록 바라는 진짜 사랑은 그렇게 시작된다.

나 자신에
대한
최소한의
예의

우리는 때때로 감정의 왜곡과 싸우느라 자신의 에너지를 엉뚱한 데 낭비할 때가 있다. 특히 배신의 상처나 깊은 상실감으로 괴로울 때 그런 왜곡을 경험한다.

여기 사랑의 실연 때문에 마음 아픈 사람이 있다. 그런데 그는 자신의 감정을 무시한다. "나 하나도 안 아프거든. 너랑 헤어진 거, 그거 아무것도 아니니까"라고 하면서. 그러다 문득 헤어진 상대방이 생각나면 견디지 못하고 소리를 지르거나 물건을 던지거나 술을 마신다. 단지 술을 마시고 싶어서라거나 물건을 던지고 싶어서라고 자기를 속이면서.

어떤 셰프의 경우에는 날카로운 것만 보면 견딜 수가 없다는 문제로 찾아왔다. 상담을 해보니 그의 진짜 문제는 자신을 배신하고 떠나간 사람에 대한 지독한 미움에 있었다. 그것이 엉뚱하게 강박증으로 나타난 케이스였다. 강박증 때문에 그는 결국 자기 직업에도 충실하지 못하고, 새로운 사람과도 만나지 못하면서 오랜 시간을 낭비하고 있었다.

희망에 베여본 적 있나요?
:

어떤 종류든 자신이 감당하기 어려운 상실의 경험은 초기 단계에서 정신적 쇼크 상태를 일으킨다. 당연히 놀라움과 경악의 감정을 느끼며 동시에 현실을 부정하고 싶다. 자기에게 일어난 일이 단지 꿈이기를, 다음 날 아침에 눈을 뜨면 상실의 전 단계로 돌아가 있기를 너무나도 간절히 바랄 뿐이다. 하지만 정작 아침이 되었을 때 그것이 꿈이 아니라 분명한 현실이란 사실을 알면 다시금 절망한다.

이럴 때 우리는 앞의 사례에서처럼 감정을 왜곡하거나 아니면 일종의 마비 상태에 빠진다. 정신의 쇼크 상태는 사실 대단히 위험하다. 그런데 어찌 된 일인지 쇼크 상태에 놓여도 주변에서 제대로 배려를 받지 못하는 때가 많다.

사람의 몸이 골절을 입거나 쇼크 상태에 빠지면 의사들은 환자에게 가장 먼저 절대 안정을 취하도록 한다. 또 환자의 몸을 조이고 불편하게 만드는 물건은 다 떼어내게 하고 가장 편안한 상태로 안정을 취하게 한다. 이때 환자를 자극시키는 것은 그 어떤 것도 금물이다.

사람들은 자기 주변의 누군가가 신체적으로 다쳤을 때는 이러한 과정에 절대적으로 협조한다. 그런데 정신적으로 다쳤을 때는 오히려 어떻게 해서든 그런 상태에서 빨리 빠져나오게 하려고 안간힘을 쓴다. 아무도 만나기 싫다는데도 억지로 사람들 속으로 끌어내고 심지어는 술로 잊으라고 권하는 경우도 있다. 정반대의 상황이 펼쳐지는 것이다.

　이렇게 해라, 저렇게 해라 조언도 많고, 만에 하나 자기들이 이끄는 대로 따라주지 않으면 "넌 왜 그렇게 정신력이 약하냐" "그 정도의 상실감도 경험하지 않고 사는 사람이 어디 있느냐?" "혼자 있으면 더 외롭고 힘들어진다. 이럴 때일수록 사람들과 어울려야 한다" "너보다 불행한 사람은 너무 많다, 아래를 보고 살아라" 하고 못살게(?) 군다.

　신체적 상처만 상처가 아니다. 정신적 상처 또한 단지 눈에 보이지 않을 뿐 똑같이 치유 과정이 필요한 고통이다. 자기 자신도 그 고통이 얼마나 큰지 미처 모르고 주변에서도 그 고통에 합당한 배려를 해주지 않는다는 점에서 어찌 보면 상처는 더 격심하다고 할 수 있다.

　절대 안정은 신체적 쇼크 상태에서만 필요한 것이 아니다. 정신적 고통이 심할 때도 꼭 필요하다. 불필요한 자극으로부터 보호되어야 한다. 하나의 생명체로 살아가는 데 필요한 최소한의 자극 이외에는.

상실의 고통과 마주하기

:

우리 몸에 병균이 들어오면 일련의 세포들은 그 병균과 전쟁을 시작한다. 열이 나고 아픈 것은 그 과정이다. 병균이 다 패배할 때까지 싸움은 계속된다. 당연히 몸은 고통을 느낄 수밖에 없다. 마찬가지로 정신적인 상처를 받았을 때 우리 마음이 갈기갈기 찢어지듯 아픈 것은 이미 그 상처와 전쟁이 시작되고 있음을 의미한다. 그러므로 상실의 고통이 일으키는 내 마음과 몸의 반응을 있는 그대로 받아들여야 한다.

자기 자신을 큰 수술을 받고 난 환자라고 여기고 스스로 돌봐주는 관심과 노력이 필요하다. 이때는 반드시 적절한 안정과 휴식을 취해야 한다. 영양가 있고 소화되기 쉬운 음식, 즉 회복에 도움을 주는 음식의 공급도 절대적으로 필요하다. 비타민, 미네랄, 무기질이 풍부한 채소와 과일을 많이 먹되 달고 짜고 소화 과정이 복잡한 고기나 지방은 최소한으로 섭취를 줄이는 것이 좋다. 음식은 씹는 것만으로도 스트레스를 해소하는 데 도움이 되므로 오래오래 씹어 먹는다. 식사를 제대로 하지 않을 경우 탈수가 되기 쉬우므로 될 수 있는 대로 물을 많이 마신다. 우유를 마시는 것도 좋다. 우유는 영양분도 풍부하고 잠자는 데나 우울증을 예방하는 데 도움이 된다.

이렇게 누구나 아는 뻔한 이야기를 세세하게 강조하고 되풀이하는 데는 나름의 이유가 있다. 삶이 고단하고 고통스러우면 누구나 자기 삶을 포기하고 싶은 유혹을 느낀다. 어떤 때는 숨 쉬는 것조차 싫을 때도 있다. 물 한 모금 마시는 것도 목에 걸릴 때가 있다. 아예 갈증이나 배고픔을 느끼지 못할 수도 있다. 자기라는 존재가 너무도 무력하게 느껴져 생존을 위해 먹고 마시고 움직인다는 자체가 이율배반인 것처럼 느껴질 수도 있다.

그럼에도 불구하고 희망은 그 절망의 한가운데서 비로소 잉태한다. 자기 자신을 완전히 파기할 작정이 아니라면 스스로 돌봐야만 한다. 먹고 마시고 자고 하는 최소한의 행위에 최소한의 관심이라도 기울여 절망의 구렁텅이에 빠져 있는 자신을 잡아 일으켜야 한다.

모든 것은 지나간다, 시간처럼

우울하고 불안하면 오히려 일에 더 몰두하는 사람들도 있다. 하지만 불안하고 우울한 감정은 우리 뇌의 판단 능력에도 부정적인 영향을 미쳐 오히려 실수할 기회만 증가시킬 뿐이다. 이는 그러지 않아도 손상된 자존심과 자긍심에 더 큰 손상을 입힌다.

이런 사람들은 마음의 고통을 억압하는 것을 성숙으로 받아들이는 경향이 있다. 이런 생각은 상실로 느끼는 죄책감을 더욱 가중시킨다. 그리하여 "이래서는 안 되는데……" 하며 자기에게 압력을 행사해 자꾸 일에 몰두하게 한다. 하지만 사실은 그 반대가 되어야 한다. 몸뿐 아니라 감정이나 생각도 쉬게 해주어야 한다.

어떤 일을 결정하는 것도 뒤로 미루도록 한다. 마음을 바꾸기 위해 이사를 하는 사람도 있는데 이사하는 것도 스트레스이므로 피하는 게 좋다. 꼭 결정해야 할 일은 믿을 만한 사람과 의논해서 하도록 한다.

이때는 쉬운 일도 실수할 가능성이 많다. 잊어버리기도 잘 한다. 마음이 불안하고 우울하면 기억력과 집중력이 나빠지는 것은 당연하다. 그러므로 작은 일을 기억하지 못하고, 물건을 잃어버리고, 사람을 알아보지 못하는 일로 자책하지 않아도 된다.

슬프고 우울한 감정에서 벗어나기 위해서는 시간이 흘러야 한다. 그때까지 억지로 우울하지 않은 척, 슬프지 않은 척 가장할 필요는 없다. 다만 스스로 마비 상태에서 벗어날 수 있도록 시간을 주어야 한다. 이것이 바로 상처 입은 자신에게 베푸는 최소한의 배려다.

결국
상처는
받는 자의
몫이다

세상을 살면서 상처를 받고 싶은 사람은 없다. 하지만 상처를 주지도 받지도 않고 살 수 없는 게 또 세상살이다. 그런데 이쯤에서 드는 의문 하나, 같은 상황에서 왜 어떤 사람은 상처를 받고 어떤 사람은 그렇지 않은 것일까? 유독 상처를 잘 받는 사람은 어떤 스타일인 걸까?

유독 상처를 잘 받는 사람들을 가만히 살펴보면 다른 사람보다 인간관계에 민감한 경우가 많다. 타인에게 의지하고, 의존하고, 기대고, 집착하려는 마음이 크다. 이러한 마음이 있기에 그 누구보다 상대에게 정성을 쏟기도 한다. 문제는 '나는 이만큼 해줬는데 당신은 왜 그것밖에 하지 못하느냐'라는 생각에 사로잡히면서 시작된다. 상대는 변한 게 없는데 스스로 긁어 부스럼을 내어 기

어코 상처를 만들어내고야 만다. 이런 것을 볼 때 결국 상처는 어쩌면 때때로 상처를 받는 자의 몫일 수도 있다는 생각이 든다.

김동석 씨는 매번 잘못되고 마는 연애 때문에 온통 만신창이가 된 느낌이었다. 그는 여자를 사귈 때마다 6개월을 넘기지 못하고 헤어졌고 그때마다 크든 작든 마음의 상처를 받았다. 어떤 상처는 지워지지 않고 오랜 시간에 걸쳐 화석처럼 굳어졌다. 두려움과 후회와 실패에 대한 기억들이 뒤엉켜 응어리처럼 남아 있는 경우도 있었다. 몸에 난 상처는 시간이 지나면 약간의 흉터는 남을지언정 아물게 마련인데 마음의 상처는 그렇지 않았다.

그는 지나간 연애에서 자신의 문제가 무엇이었는지 집요하게 파고들기 시작했다. 처음에는 상대에게 모든 잘못이 있는 것만 같았다. 하지만 곧이어 여러 상황에 제대로 대처하지 못했던 자신의 모습이 하나씩 떠오르면서 그러지 말았어야 했다는 뒤늦은 후회가 마음을 쳤다.

후회를 할 때마다 그의 마음속에는 지나간 연애의 흔적이 오히려 더 커졌다. 마음의 상처 역시 나아지기는커녕 똑같은 비율로 커져만 갔다. 지나간 연인의 얼굴은 희미해졌어도 그 사람이 자신에게 했던 안 좋은 말과 사건들은 뇌리에 또렷이 남았다.

그를 더욱 힘들게 한 것은 그런 상처들이 '여자는 이러저러하다'는 고정관념으로 굳어져 자신만의 사전에 등록된다는 점이었다. 그게 많아질수록 더 이상 자신이 누군가를 만날 준비도, 새로운 사랑을 받아들이겠다는 의지도 가질 수 없을 것만 같아서 더 괴로웠다.

아는 사람만 아는 그 기분

:

그는 주변의 친구들을 보면 별 문제 없이 연애를 잘하는 것 같은데 유독 자신만 상처에서 헤어나오지 못하는 것 같다고 하소연했다. 하지만 사실 그는 지극히 평범한 케이스에 속한다. 연애와 이별을 경험한 사람이라면 누구나 겪는 보편적인 심리 상태를 경험하는 중이다. 다만 그것이 나만의 연애, 나만의 이별이기에 특별하게 여겨지는 것뿐이다.

세상의 어느 누가 그렇지 않으랴. 누구나 나만 유독 상처에서 헤어나오지 못하는 것 같은 때가 있다. 그 형태도 각기 다르다. 어떤 사람은 몸이 아프거나 살이 빠지고 어떤 사람은 이성을 보는 시각이 부정적으로 바뀌거나 냉소적이 되기도 한다. "연애? 어차피 나쁘게 끝날 게 뻔한데 뭐 하러 시작해?"라며 아예 마음을 닫아버리기도 한다. 그럴 때는 "앞으로 더 좋은 사람 만날 거야" 같은 말은 어느 먼 행성에서나 이루어질 법한 이야기로 들릴 뿐이다.

하지만 사랑 없이 또는 나를 전폭적으로 지지해주는 사람 하나 없이 어떻게 세상을 살아갈 수 있을까? 그러므로 상처를 치유하는 방법을 찾아야 한다. 상처에서 헤어나오지 못하는 것은 내가 어리석어서도 아니고 강하지 못해서도 아니라는 사실을 알 필요가 있다. 단지 아직 상처를 정면으로 바라볼 용기를 내지 못하는 것뿐인지도 모른다.

객관적으로 보면 아무것도 아닌, 상대의 아주 작은 말이 나에게는 큰 상처로 다가올 때가 있다. 왜 그럴까? 도대체 상처의 크기는 어떻게 결정되는 걸까? 그 기준은 나에게 있다. 내가 크게 느 끼다면 큰 것이고, 작게 넘어갈 수 있다면 작은 것이다. 상식이나 일반적인 보편성은 큰 관련이 없다. 어린 시절부터, 자신이 민감 하게 여기고 있는 가치관 등이 상처의 크기를 결정하고 그것을 지 워버릴지 남길지를 결정하는 것뿐이다.

그러므로 자신의 상처를 객관화하고 그것을 치유할 수 있도록 자신을 좀 더 여유 있고 편안한 상태에 두려고 노력해야 한다. 내 마음에 여유가 있어야 새로운 누군가를 만났을 때도 그가 나와 오 랫동안 함께할 수 있을지 없을지 생각할 시간을 가질 수 있다. 내 마음에 좋은 것들이 들어가기 위해선 내게 나쁜 영향을 미치는 것 들을 먼저 내보내야 한다. 나는 충분히 그럴 수 있는 사람이라고 생각하라. 그런 노력을 기울이다 보면 머지않아 행복한 마음으로 진정한 사랑 앞에 서 있는 자신을 발견하게 될 것이다.

그 어떤 고통도
나를
파괴시킬 수는
없다

"저와 남편은 고등학교 때 만났습니다. 문학 동아리에서 처음 봤는데 어린 나이인데도 서로 첫눈에 반했죠. 대학을 졸업하고 결혼할 때까지 그와 보낸 시간은 행복하기만 했습니다."

다은 씨는 남편과의 첫 만남을 이야기하면서 잠깐이나마 눈을 반짝였다. 진정 행복했던 모양이다.

"물론 문제는 있었어요. 그 사람이 가난하다고 우리 집에서 결혼을 반대했거든요. 하지만 그런 반대쯤은 아무것도 아니었어요."

다은 씨는 여전히 눈을 빛내며 이야기를 이어갔다.

"사랑 앞에 우스울 정도로 순진했던 우리는 결혼해서 첫날밤이될 때까지 손잡고 키스만 한 사이였어요. 그토록 만지고 싶고 갖고 싶던 사람과 비로소 하나가 되자 정말 황홀했어요. 그 뒤로도 서로를 기쁘게 해주려고 최선을 다했고요."

그런데 문제가 생겼다. 언제부터인가 남편이 변하기 시작하더라는 것이다. 귀가가 늦어지고 아내에 대한 배려도 사라졌다. 그리고 결혼할 때 자기를 무시했던 처가 식구에 대한 원망과 경멸을 드러내기 시작했다.

처음에 다은 씨는 그런 남편을 이해하려고 노력했다. 어쨌든 결혼을 반대했던 친정 때문에 남편이 상처를 입은 건 사실이었으니까. 그러나 매일처럼 똑같은 상황이 반복되자 그녀도 화가 나서 같이 싸우기 시작했다.

"한번 싸우기 시작하니 어쩌면 그렇게 매일 싸울 꼬투리가 생겨나는지요. 서로 상처가 될 만한 말만 골라 하면서 지독하게 싸우고 또 싸웠습니다."

그러다 보니 두 사람 사이에는 어느덧 사랑은 없고 미움의 감정만 남게 되었다고 한다.

"그 사람이 들어와 먹는 모습, 자는 모습이 다 싫어지는 거예요. 그의 몸이 닿기만 해도 끔찍하게 싫은 감정이 들었죠."

남편도 다은 씨에 대한 적개심을 숨기려 하지 않았다.

그러던 어느 날 다은 씨는 남편에게 다른 여자가 있다는 사실을 알았다. 어느 정도 시간이 흐르자 다은 씨의 충격도 다소 사라졌다. 하지만 정작 다은 씨를 괴롭힌 것은 남편의 바람이 아니었다. 그토록 깊은 사랑으로 시작된 관계가 어떻게 한순간에 무너질 수 있는가 하는 점이 그녀를 힘들게 했다.

"대체 우리가 갖고 있던 사랑의 감정은 어디로 간 것일까요? 너무도 강렬해서 어떤 어려움도, 어떤 시간의 흐름도 방해할 수 없을 것 같던 그 감정이요!"

다은 씨의 이야기는 사랑이 어떻게 변화하고 상실의 아픔으로 이어지는지를 잘 보여주고 있다.

그토록 절실했던 사랑은 어디로 가버린 걸까?
:

그녀의 절규대로 그토록 절실하고 강렬했던 사랑의 감정은 정말 어디로 가버린 것일까? 왜 우린 때로 그토록 참혹한 상실의 고통을 겪지 않으면 안 되는 것일까? 결국 해답은 사랑이 지닌 유한성 외에는 설명할 길이 없지 않나 싶다. 인간은 세상에서 유한한 존재다. 그런데도 사랑에서만은 영원성을 바란다는 것 자체가 모순이다.

상실의 고통이 더욱 힘겨운 것은 자신의 존재 의미까지 잃어버리게 만들어서다. 그것이 무엇이든 사랑하는 대상을 잃어버리고 나면 인생은 갑자기 무(無)로 변한다. 더불어 그 어디에서도 생의 의미를 찾을 수 없을 정도로 끔찍한 추락을 경험하게 된다.

상실의 고통 앞에 섰을 때 분노는 가장 먼저 찾아오는 감정 가운데 하나다. 떠나버린 사람을 미워하고 세상에 분노하고 자기의 운명과 환경에 분노를 느낀다. 여기까지는 누구나 느끼는 과정이다. 다만 이 분노를 자신이나 남을 파괴하는 방법으로 해결해서는 안 된다.

지금 상실의 아픔으로 괴로운 사람이 있다면 먼저 작은 일상들에 눈떠보라고 권하고 싶다. 일상에서 작은 기쁨을 발견하다 보면 상실감으로 생기는 분노도 조금씩 가라앉게 마련이다.

만약 아침에 눈을 뜨기가 두려운 순간이 온다면 "나는 아직 살아 있고 또 하루가 주어졌다. 나는 어떻게든 살아남을 것이다. 어떤 고통도 나를 파괴시킬 수는 없다"라고 스스로 다독이자. 그리고 다시 새로운 평범한 일상을 시작하자.

평범한 일상에서 시작되는 작은 기쁨

⋮

아스팔트 위, 생물이라곤 전혀 살 수 없으리라 생각했던 아주 작은 틈바구니로 가냘픈 풀포기가 올라온 걸 본 적이 있는가? 우리도 자연의 일부다. 콘크리트 더미를 헤치고 풀포기가 올라오듯이 아무리 상실의 아픔과 상처가 클지라도 생에 대한 희망의 끈을 놓지 않으면 어제와 다른 새날이 온다.

반려동물을 키워보는 것도 좋다. 나 역시 강아지를 키우고 있는데 때때로 얼마나 큰 위로가 되는지 모른다. 어느 날 잠결에 찾아와 자신의 혀로 눈물을 닦아주는 강아지의 따뜻한 체온, 녀석의 촉촉한 코와 부비면서 전해지는 삶의 지속성, 유리 항아리 안에서 날렵한 몸짓으로 헤엄치는 금붕어, 그들의 뻐끔거리는 눈망울, 조심스럽게 다가와 조용히 내 얼굴을 주시하는 고양이의 존재 등.

불을 켜기조차 두려워 어둠 속에서 홀로 웅크리고 있을 때 문득 그런 내 모습을 지켜보는 커다란 눈동자를 발견한다고 생각해

보라. 불현듯 자신이 혼자가 아님을 깨닫는 것은 얼마나 눈물겨운 위로인가.

　이처럼 평범한 일상에서 작은 기쁨을 찾아 하루하루 지내다 보면 고통은 조금씩 가라앉고 상처에도 딱지가 앉기 시작한다. 그렇게 우리는 다시 하루하루를 살아낼 용기를 얻는 것이다.

때로는
마음에도
환기가
필요하다

김미연 씨 역시 헤어진 연인과의 기억 때문에 고통스러운 나날을 보내고 있었다. 헤어진 지 몇 달이 지났는데도 그녀가 받은 상처는 좀처럼 가라앉을 기미를 보이지 않았다.

당시 그녀의 남자친구는 흔히 말하는 '엘리트'였다. 좋은 대학을 나와 대기업에서 일하고 있었고 그녀 또한 대학 동기들 가운데 가장 먼저 취업에 성공해 금융회사에 다니고 있었다. 그녀의 남자친구는 조건으로 보나 성격으로 보나 그녀에게 딱 맞는 짝인 것 같았다.

그는 실제로 그녀가 평소 상상했던 이상형의 이미지에 거의 부합하는 사람이었다. 하지만 그의 휴대전화를 열어본 순간 그녀는 경악을 금치 못했다. 자신 말고도 연락하는 여성이 한둘이 아니었던 것이다. 그중엔 그녀보다 나이가 한참 어린 여자도 있었고 결혼을 약속한 여자도 있었다.

그녀는 이성적으로 대처하려 애쓰며 모든 정보를 모아 그 앞에 내밀었다. 확실한 증거 앞에서도 남자는 굴하지 않았다. 오히려 자신을 못 믿느냐며 그녀를 몰아붙였다. 결국 남자의 학력은 물론 직업도 모두 가짜라는 사실이 드러났다.

미연 씨는 살면서 그런 일이 자신에게 일어날 거라고는 단 한 번도 상상해본 적이 없었다. 기막히고 화가 난다는 말로는 그녀의 심정을 다 표현할 수 없었다. 그녀의 상태는 한마디로 지옥을 경험하는 것이나 다름없었다.

미연 씨는 곧바로 그와 헤어지고 연락처를 모두 바꾸었다. 이 지옥 같은 상황을 이겨내야 한다고 굳게 결심했다. 하지만 그녀는 밤마다 악몽을 꾸었다. 거리를 걷다가 갑자기 흘러내리는 눈물을 멈출 수도 없었다. 그럼에도 그녀는 주변의 누구에게도 자신이 겪은 일을 말하지 않았다. 자신의 이야기가 사람들 입방아에 오르내리는 걸 바라지 않았기 때문이다.

그녀는 이제까지 친구들 사이에서도 눈에 띄게 승승장구하는 타입이었다. 그녀를 부러워하는 친구들도 많았다. 그런 친구들이 자신을 동정 어린 시선으로 바라볼 것이 너무 싫었다. 그녀가 어처구니없고 지저분한 스캔들의 주인공이라는 사실이 알려지면 그들은 그녀를 위로하면서도 속으로는 고소하다고 생각할 게 뻔했다. 그녀는 평소에 자신을 포함해 세상의 모든 사람이 샤덴프로이데 증후군을 가지고 있다고 생각했다. 샤덴프로이데 증후군이란 독일어로 불행을 뜻하는 '샤덴'과 기쁨을 뜻하는 '프로이데'가 합쳐진 말로 '너의 불행이 곧 나의 기쁨'이란 의미다.

그녀는 집과 회사를 오가며 예전과 똑같은 일상을 살았다. 하지만 퇴근 후 집에 돌아오면 죽을힘을 다해 미친 사람처럼 울고 소리를 지르고 싶은 충동을 참아냈다. 그녀는 이 상황을 견뎌야 한다고, 모든 일은 지나갈 거라고 이를 악물었다. 하지만 시간이 지날수록 상태는 더욱 나빠졌다. 아무것도 눈에 들어오지 않았고 최악의 상황만이 떠올랐다. 처참한 배신과 이별의 기억이 그녀를 죽고 싶을 만큼 힘들게 했다. 이런 상황에서도 그녀는 자신의 고통을 입 밖으로 꺼내지 않았다. 그녀의 심리 상태를 짐작하는 사람 역시 아무도 없었다. 그녀는 점점 한계에 다다르고 있었다.

슬플 땐 울어도 괜찮다

미연 씨처럼 아무리 고통스러워도 자신의 감정을 드러내지 않는 사람들이 있다. 그것은 문제를 해결하는 가장 나쁜 방식이다. 슬퍼서 견딜 수 없을 때는 그런 감정을 믿을 만한 사람에게 털어놓고 도움을 청하는 것이 바람직하다.

둘째 아이를 낳을 때의 일이다. 큰아이를 낳을 때는 나이도 어리고 시집 식구 보기에도 부끄러워 산고를 우아하게(?) 이겨내리라 결심했다. 인턴 시절 산부인과 분만실에서 고래고래 소리 지르던 산모들의 모습을 많이 보았기 때문이다.

흔히 경험하지 않은 것은 함부로 말하지 말라고 하는데, 정말 그 말이 맞았다. 산고는 겪어본 사람만이 안다. 우아함이고 뭐고 진통을 피할 수만 있다면 악마에게 영혼이라도 팔 수 있을 것 같았다. 그러나 참고 또 참는 수밖에는 달리 방법이 없었다.

둘째 아이를 낳을 때는 처음의 기억 때문에 더욱 두려웠다. 그런데도 어떻게든 참아야 한다는 생각에 이를 악물었다. 이런 나의 모습이 안쓰러웠는지 옆에 있던 간호사가 참기 어려우면 소리를 질러보라고 했다. 처음에는 부끄러워 머뭇거렸다. 하지만 도저히 참을 수 없는 순간이 왔다. 인턴 시절 분만실에서 보았던 소리 지르던 산모들처럼 나 역시 소리를 지르고야 말았다. 소리를 지르니 거짓말처럼 조금이나마 진통을 잊을 수 있었다. 그다음부터는 부끄러움이고 뭐고 다 잊고 점점 더 크게 소리를 질렀다.

이후 나는 마음의 고통을 잊기 위해서는 그처럼 비명을 질러볼 필요가 있다고 믿게 되었다. 다른 사람들이 어떻게 생각할까 하는 두려움 때문에 고통을 안으로만 삭이는 것은 현명하지 못하다. 중요한 것은 나 자신이다. 나의 고통을 줄이기 위해서는 그것을 밖으로 내보낼 수 있어야 한다.

특히 도저히 자신의 감정을 조절할 수 없어 뭔가 파괴하고 싶거나 후회할 일을 저지를 것 같을 때, 약물이나 알코올에 의존하고 싶은 유혹을 참을 길이 없을 때, 반복적으로 같은 상황을 만들 때는 반드시 믿을 만한 사람에게 도움을 청해야 한다.

이때는 자기 마음의 고통을 누군가에게 털어놓는 것만으로도 아픔이 어느 정도 치유될 수 있다. 이를 정신의학에서는 '마음의 환기'라고 한다. 방 안이 답답하고 공기가 탁하면 창을 열어 바깥의 맑은 공기를 들어오게 하듯 때로 우리 마음에도 환기가 필요한 것이다.

고통을 반으로 줄이는 방법

:

상담하기 위해 병원을 찾아오는 사람들은 무엇보다도 자기의 고통스러운 감정을 이해받기를 원한다. 표면상으로는 조언을 구하는 것 같지만 그들이 가장 바라는 것은 누군가가 자신을 이해해주는 일이다. 일상적인 생활에서도 우리는 내 삶이 누군가에게 이해받기를 원한다. 그것이 때로 가슴 찢어지는 고통이라 할지라도 누군가에게 풀어놓고 나면 한결 가벼워지지 않던가. "기쁨은 나누면 두 배가 되고 슬픔은 나누면 반으로 줄어든다"라는 말은 정말 맞는 말이다.

내게는 서로 모든 비밀(?)을 털어놓는 친구가 하나 있다. 그 친구가 내 이야기를 들으면서 하는 말이라곤 오로지 감탄사일 때가 많다. 그 짧은 '아하'나 '흐음' 또는 작은 웃음소리에도 공감이 묻어나는 것이 느껴져 그것만으로도 큰 위안을 받곤 한다.

지금 자신이 큰 상처로 위로와 돌봄이 필요한 상태여서 누군가에게 전화하고 싶다면 억압하지 말고 하고 싶은 대로 하도록 내버려두는 것이 좋다. 그렇게 해서 마음의 환기를 하고 나면 괴로움과 슬픔은 반으로 줄어들게 된다.

이별에
대처하는
우리의
자세

"사랑이 끝나면 누가 누굴 배신했느니 어쩌느니 하지만 사실은 그냥 계절이 바뀌듯이 만남의 시기가 끝나는 것뿐이다."

요시모토 바나나는 사랑이 불가피한 것처럼 이별 역시 불가피하다고, 그것이 우리 인생이라고 이야기한다. 요시모토 바나나의 이야기처럼 정말 사랑이 그러한 것이라면 우리 또한 실연의 상처를 "계절이 바뀌듯이 만남의 시기가 끝나는 것뿐"이라고 담담하게 받아들일 수 있다면 얼마나 좋을까.

하지만 그렇게 간단하지 않은 게 우리 삶의 또 다른 모습이다. 더구나 사랑하는 사람의 배신으로 고통을 겪어야 한다면 그 비탄은 하늘에 닿고도 남을 것이다. 조금 전까지 서로 사랑하던 사람들이 갑자기 등을 돌리고 적이 된다는 건 아무래도 너무 잔혹하고 쓸쓸한 일이니까. 그래서일까, 프랑스의 어느 여성 작가는 이별을 가리켜 "언제나 죽음과 약간 닮아 있다"는 표현을 쓰기도 했다.

한혜준 씨 역시 그와 비슷한 이별을 경험해야 했다. 하지만 다행히 그녀는 '죽음과도 같은 이별'에 압도당하지 않고 거기에서 벗어날 수 있었다. 그녀의 이야기는 이별에 대처하는 법에 대해 많은 것을 말해준다.

장애가 없으면 연애가 아니다

⋮

혜준 씨가 사랑한 사람은 부유한 집안의 남자로 아버지 회사에서 후계자 수업을 받고 있었다. 혜준 씨의 아버지는 회장님의 차를 모는 운전기사, 즉 남자 친구 아버지의 운전기사였다. 이러한 인연으로 두 사람은 어릴 때부터 서로 알고 지냈다.

혜준 씨는 대학을 졸업하고 그 회사 홍보팀에 입사했다. 거기서 그녀는 남자와 재회를 했다. 두 사람은 급격히 가까워졌고 이윽고 사랑에 빠졌다. 혜준 씨의 아버지는 딸의 사랑을 안타까운 마음으로 지켜봐야 했다. 두 사람이 처음부터 만나지 말았어야 할 짝이라고 생각했기에.

그렇게 애달픈 사랑은 2년 넘게 이어졌고 결국 남자의 아버지가 그 사실을 알았다. 이런 이야기가 대부분 그러하듯이 두 사람역시 결국 헤어지고 말았다. 아버지의 뜻을 거역하지 못한 남자가 집안에서 시키는 대로 선을 보고 그 여자와 결혼하기로 한 것이다. 여기까지는 아침 드라마의 단골 소재로 등장하는 멜로적인 사랑 이야기라고 할 수 있겠다. 그러나 이별에 대처하는 방식에서 혜준 씨는 모두의 예상을 깨뜨렸다.

두 사람의 관계를 알고 있던 회사 동료들은 혜준 씨가 절망적인 상황에서 빠져 나오지 못할 것이라고 여겼다. 그녀가 자살할지도 모른다는 둥 입방아를 찧는 사람들도 있었다. 최소한 그녀가 회사를 그만둘 거라고 믿어 의심치 않았다.

그러나 혜준 씨는 그렇게 하지 않았다. 물론 자살 시도 따위도 하지 않았다. 그녀는 늘 그러했듯이 평온한 얼굴로 회사에 출근했다. 휴식시간이면 회사 도서실에 파묻혀 책을 읽었다. 남자가 다른 여자와 결혼식을 올렸을 때도 그녀는 그 모든 것을 견뎌내며 회사에 출근했다. 이쯤 되자 회사 사람들도 더는 그녀에 대해 말하지 않게 되었다.

혜준 씨는 아버지가 운전기사 일을 그만두는 게 어떻겠냐고 했을 때도 만류했다. 자기 때문에 남자의 아버지와 20년 넘게 지켜온 인연을 끊을 필요가 없다는 게 이유였다. 혜준 씨의 아버지는 가슴이 아팠지만 딸의 말에 따랐다.

휘둘리지 않는 삶을 위해

:

물론 혜준 씨의 행동을 공감하지 못하는 동료도 있었다. 독하다고 비웃기도 했다. 하지만 그녀는 사람들이 말하는 독한 사람이 아니었다. 그저 절망의 순간에도 자기 자신에 대해 용기를 잃지 않은 것뿐이었다.

그녀라고 그 모든 고통을 견디기가 쉬웠을까. 어쩌면 그녀는 자신이라는 존재가 물거품이라도 되어 세상에서 사라지기를 바랐을지도 모른다. 그러나 그녀는 의연하게 모든 상실의 고통을 이겨냄으로써 사랑을 잃었지만 자기 자신은 잃지 않을 수 있었다.

모든 사람이 혜준 씨처럼 고통을 이겨낼 수 있으면 좋으련만, 대부분의 사람들은 사실 그렇지 못하다. 자아의 힘과 용기가 순조로움과 평화가 아닌, 실패와 우울 그리고 상실을 통해 자라난다는 것은 분명 인생의 아이러니다. 하지만 뒤집어 생각하면, 바로 그런 순간에 우리가 삶의 용기를 얻을 수 있다는 것 또한 분명 신의 축복이 아닌가 한다.

Chapter 2

사랑은 잃어도
나 자신은
잃지 마라

스스로 자신의 외로움을 해결할 수 있을 만큼 충분히
독립적이고 자신의 선택에 책임을 질 줄 아는 사람인
가 하는 것이 중요하다. 만약 그렇다는 대답이 나오거
든 사랑하는 사람에게 의지하는 것을 겁내지 마라. 누
군가의 말처럼 "혼자 있을 수 있는 것이 증명되면 둘
이 함께"여도 된다.

상처뿐인
사랑은 없다

:

얼마 전 독자한테서 편지 한 통을 받았다. 편지를 보낸 사람은 젊은 여성이었는데 연인의 배신으로 몹시 충격을 받아 고민하고 있었다. 그녀는 사랑하는 남자가 자기 아닌 다른 여자와 결혼한다는 사실을 알고 순간적으로 살의마저 느꼈다고 고백했다.

그런 감정 상태를 도저히 수습할 수 없었던 그녀는 자기를 배신한 남자와 그의 새 여자를 찾아가 미친 듯이 울부짖기도 했다고 한다. 그럼에도 고통이 줄어들기는커녕 더욱 배가되었다고 한다. 게다가 이미 마음이 돌아선 남자에게 그런 추한 모습을 보이고 말았다는 자괴감 때문에 밤이면 잠을 이룰 수가 없노라고 털어놓았다. 그런데도 그녀는 그들을 다시 찾아가 어떻게든 감정을 쏟아붓고 싶은 충동을 도저히 억누를 수 없다고 했다.

그 편지를 읽으면서 참 마음이 아프고 착잡했다. 왜 우리 인생에서는 순풍은 조금밖에 기대할 수 없고 대부분 늘 이렇게 참혹한 배신이나 뜻하지 않은 운명의 반전만이 존재하는 것일까. 다만 한가지, 정신과 의사로서 많은 사람들을 만나는 동안 나름대로 얻은 결론이 있다. 바로 인격의 성숙이란 자기 인생에서 일어나는 여러 모순과 고통과 절망을 있는 그대로 받아들이는 과정에서만 비로소 성취할 수 있다는 것이다.

나에게는 결코 일어나지 않을 것 같던 일, 혹은 일어나지 않기를 간절히 바랐던 일들이 일어났을 때 그것을 수용하고 극복하기란 말처럼 쉬운 일이 아니다. 특히 그것이 젊은 날에 겪은 참혹한 사랑의 배신인 경우에는 어떤 위로도 소용없는 법이다. 그렇다고 자기를 배신한 상대방이나 나를 파멸시킬 복수만 꿈꾼다면 이 세상에 살아남을 사람이 얼마나 있으랴.

자신을 보호할 수 있는 사람은 이 세상에 나 혼자뿐이다. 자신을 보호할 수 있는 방법을 찾아야 한다. 그 가운데 가장 단순하고 정신 건강에도 도움이 되는 확실한 방법 한 가지를 이솝의 '여우와 신포도'라는 이야기에서 찾아냈다. 여우는 맛있는 포도를 발견하고 따 먹으려고 하지만 생각대로 되지 않는다. 그러다 어느 순간 "저 포도는 맛이 없을 거야. 아니, 아무 맛이 없는 신포도라고!"하며 자신을 설득해 그 자리를 미련 없이 떠나버린다.

이 여우의 이야기처럼 때때로 우리 인생에도 자기보호를 위한 합리화가 필요하다. 사랑하는 사람이 나를 배신하고 떠났다면 그는 내 사랑을 받아들일 그릇이 안 되는 사람일 수도 있다. 포도나무의 포도도 때가 되면 땅에 떨어져 썩어가듯이 우리가 그처럼 영원하리라 믿었던 사랑 역시 언젠가는 소멸되어 사라지는 덧없는 것일 수도 있다. 지금 당장은 그 사람이 아니면 안 될 것처럼 절박하지만 사람의 감정 가운데 영원히 지속되는 것은 사실 그 어디에도 없다. 신들이 레테의 강을 만든 연유가 무엇 때문이랴.

내 사랑에 대한 예의는 여기까지!

나이 들면서 참 많은 것을 완벽하게 잊고 사는 것을 발견하고 깜짝 놀랄 때가 있다. 누군가에게 받은 상처로 아주 오래 마음이 아팠는데 언제부턴가 거짓말처럼 그 생각을 싹 잊고 지내는 나를 발견하는 때도 있다. 그때마다 나이가 들어갈수록 기억력이 떨어지는 것이야말로 신이 인간을 보호하기 위해 내려준 또 하나의 축복이지 않나 싶은 생각을 하곤 한다. 그 많은 상처, 그 많은 고통을 다 기억하고 산다면 어떻게 이 힘든 삶을 견딜 수 있을까.

물론 잊기 전에 원인 분석은 할 필요가 있다. 사랑하는 사람이 떠났다면 왜 그와의 사랑이 실패했는지 살펴봐야 한다. 내가 애초에 사람을 잘못 골랐는지, 내가 지나치게 집착해서 상대가 싫증이 났는지, 상대의 사랑을 얻었다고 자만해서 그 사람을 조종하고 군림하려고 했는지 등 원인을 생각해보는 것이다. 그건 또 다른 만남에서 실패를 거듭하지 않으려면 반드시 필요한 일이다.

"실패에서 뭔가를 배우는 사람은 절대 같은 실수를 반복하지 않는다"는 평범한 진리는 사랑에도 그대로 적용된다. 실패에 한눈을 감지 말 것, 그러나 고통과 상처는 하루빨리 잊도록 자기 자신을 설득할 것! 그러다 보면 해는 또다시 떠오르기 마련이고 진짜 내게 어울리는 멋진 사람도 나타나지 않겠는가.

성숙한
사랑을
방해하는
7가지 생각

우리는 다른 사람의 생각이나 감정을 책임질 수는 없다. 마찬가지로 내 생각이나 감정에 대해 타인에게 그 책임을 요구할 수도 없다. 그것이 설령 사랑하는 사람이라고 할지라도. 그런데도 사람들은 '사랑한다면' 내 생각이나 감정까지도 네가 책임져야 한다고 상대방을 몰아세운다. 많은 사람이 저지르는 사랑의 오류 가운데 하나다.

예를 들어 갑자기 힘든 일이 생긴 여자가 남자와 의논하려고 전화를 한다. 남자가 자리에 없어 메시지를 남겼는데 저녁이 다 되도록 남자한테서 연락이 없다. 화가 난 여자는 '분명 내가 싫어진 거야. 요즘 만날 때마다 표정이 어둡다 했더니. 어쩌면 벌써 다른 여자가 생긴 건지도 몰라'라고 생각한다.

분노와 눈물로 밤을 지새운 여자는 자기가 먼저 절교를 선언하기로 결심한다. 그런데 그때 남자에게서 전화가 온다.

"어제 형이 교통사고를 당해 온종일 병원에 있었어. 도대체 무슨 일이야?"

이때 여자는 뭐라고 대답해야 할 것인가. 절교를 선언한다고? 아니면 지난밤의 내 감정이 이러저러했으니 책임을 져야 한다고?

살아가다 보면 누구나 감정적 사고에 휘말려 어쩔 줄 모르는 때가 있다. 사랑에 대해서는 말할 것도 없다. 다른 면에서는 똑똑한 사람들이 사랑에 실패하는 이유도 이 감정적 사고 탓이다. 그들은 지나치게 자신감이 넘쳐서 자신의 감정적 사고에는 오류가 없으리라 믿는다.

성숙한 사랑을 방해하는 감정적 사고에는 여러 가지가 있다. 그것을 정리해보면 다음과 같다.

사고의 오류를 불러오는 7가지 원인

:

하나, 지레짐작의 오류

한 여자에게 차인 남자가 있다. 이 남자는 자신은 매력이 없으므로 세상의 모든 여자가 자기를 싫어할 거라고 지레짐작해 아예 여자를 사귀어볼 생각조차 안 한다. 이처럼 지레짐작의 오류란 자기에게 일어난 일에 대해 지나치게 겁을 먹고 부정적으로 생각하는 경향을 말한다.

이런 경향을 가진 사람은 사랑이 찾아와도 그것을 자기 것으로 만들지 못하고 그냥 스쳐 보낸 뒤에 한탄하기 십상이다. 설령 사랑하는 사람을 만나도 '아마 저 사람은 날 형편없다고 생각할지도 몰라' 또는 '정말 날 생각해서 하는 말은 아닐 거야'라며 계속해서 지레짐작의 오류를 저지르다 결국 상대방에게 다가가지 못하는 경우가 많다.

둘, 상대방의 마음 분석하기

내가 지금 아이스크림을 사먹었다고 가정해보자. 그런데 누군가 다가와 "네가 지금 먹고 있는 아이스크림에는 세계보건기구(WHO)가 권장하는 성인의 하루 당 섭취 권고량의 74퍼센트가 넘는 설탕이 들어 있다는 것을 알아? 무려 각설탕 6개 분량의 당분이 들어 있다고. 그렇게 먹으면서 무슨 살을 빼겠다는 거야?"라고 이야기하면 기분이 어떨까? 상대의 추궁에 당황하여 처음에는 "날씨가 더워서" 또는 "그냥 먹고 싶어서"라고 대답할지도 모른다. 하지만 상대방이 또 다른 이유를 대며 아이스크림을 먹은 내 의도를 추측하고 동의를 구한다면?

생각만으로도 숨이 막히지 않는가. 연애할 때도 그런 식으로 연애 과정을 분석하는 사람들이 있다. 이런 유형은 관계에서 자신이 우위를 차지하고 있다는 생각으로 상대를 대하는 특징을 가지고 있다. 여기서 말하는 우위는 특히 지적인 부분을 가리키는데, 자신이 상대보다 아는 것이 훨씬 많으니 문제를 바라보는 수준 또한 높을 것이라고 확신한다. 이런 타입이 원하는 대답은 딱 한 가지다. 자신은 옳고 상대는 틀렸다는 것.

셋, 이심전심이라고 생각하기

이것은 내가 이야기하지 않아도 상대방이 내 마음을 이해하리라고 생각하거나, 사랑하는 사람끼리는 당연히 서로의 느낌과 감정을 모두 알고 있어야 한다고 생각하는 것을 말한다.

사람의 느낌이나 감정, 생각은 대화로 전달하고 표현해야 한다. 표현하지도 않고 '내 마음을 몰라준다'라고 상대를 원망하거나 분노하는 것처럼 어리석은 일도 없다. 연인이나 부부 사이에서 바로 이 문제로 많은 갈등이 일어나는 것은 우리가 너무 '이심전심의 문화'에 길들여진 탓이다. 이런 틀은 과감히 깨뜨려버려야 한다.

넷, 모든 것을 자기 탓으로 돌리기

이런 경향의 사람은 사랑에 가장 실패하기 쉬운 타입에 속한다. 쓸데없는 죄책감으로 자기비하를 일삼기 때문이다. 애인이 시험에 실패하거나 하는 일이 잘 안 되면 자기가 뒷바라지를 잘못한 탓이라고 여기며 자책하는 사람들이 있다. 심지어 애인이 바람을 피우거나 학대를 일삼아도 자기가 잘못하거나 능력이 없어서라고 여긴다. 얼핏 대단히 희생적이고 순종적인 것 같아 보이지만 내심 분노와 슬픔을 억누르고 있어서 건강하고 성숙한 사랑은 기대하기 어렵다.

심하면 마조히즘적인 경향을 나타낼 수도 있다. "마조히즘 역시 사디즘과 마찬가지로 본래의 자기 모습을 상실한 융합에 지나지 않는다"라는 에리히 프롬의 말을 새겨본다면 그와 같은 자기 비하는 결코 사랑이 아니다.

다섯, 매사에 다른 사람과 비교하기

비교하는 습관을 가진 사람들은 자신이 비교한다는 사실을 인지하지 못하거나, 자신도 모르게 머리가 먼저 반응하는 경우가 많다. 사실 매사에 비교를 하는 사람은 자신이 아닌 남에게 더 관심이 많다. 다른 사람이 무엇을 입었는지, 누구와 결혼했는지, 어떤 연애를 하고 있는지 등 모든 관심이 남에게 쏠려 있다. 비교하는 습관을 버리려면 남에게 쏠려 있는 관심을 나에게 돌려야 한다.

남에게 피해가 가지 않는 선이라면 사실 내가 하는 어떤 생각도 속물적이거나 잘못된 것은 없다. 그러므로 남과 비교하기를 멈추는 대신 자신의 관심을 자신에게로 옮길 필요가 있다.

여섯, 선택적 추측의 오류

아직 일어나지 않은 일에 대해 부정적인 추측을 하기 좋아하는 사람들이 있다. 과거를 가정하는 것만큼 어리석은 일이 없다고 하지만 미래의 일을 나쁜 쪽으로 가정하고 추측하는 것도 고약한 버릇이다.

이런 타입은 연애를 할 때도 '만약 이 사람한테 나 말고 좋아하는 사람이 나타나면 어떻게 하지?'라는 심각한 일에서부터 '만일 오늘 전화를 안 한다면?' 등의 시시한 일까지 미리 추측해 염려하고 한탄한다.

매사를 부정적으로 보기 때문에 걱정도 많고 쉽게 불안에 빠진다. 아무리 사랑하는 연인일지라도 피곤하지 않을 수 없다.

일곱, 완벽성과 당위성의 횡포

모든 면에서 완벽해야 하고 모든 사람이 자기를 좋아해야 하며 내 사전에 실수란 없다고 생각하는 사람들이 있다. 완벽한 것은 처음부터 이 세상에 존재하지 않는다. 완벽한 사랑 역시 마찬가지다. 그러니 그들의 상처가 오죽하랴.

당위성의 횡포 역시 마찬가지다. 자기 자신은 이러저러해야 한다는 틀을 만들어놓고 스스로 그 틀에 맞지 않으면 견디지 못한다. 때로 연인에게도 똑같은 것을 요구해 숨 막히게 한다. 이런 타입은 사랑에 빠지는 일 자체도 어렵다. 이성을 만날 때도 내 애인이 되려면 최소한 학벌은, 집안은, 머리는, 몸무게는, 키는…… 하고 따지고 있으므로 쉽게 사랑이 찾아올 리 만무하다.

그밖에도 성숙한 사랑을 방해하는 부정적인 정신기제는 많다. 무슨 일이든 부정적으로 보기 시작하면 이를 긍정적으로 되돌리기가 몹시 어렵다. 그러므로 일이든 사랑이든 연인이든 긍정적인 면을 우선적으로 보고 그것을 격려하고 성장하도록 돕는 마음의 자세가 필요하다.

'의존하는 것'과 '의지하는 것'은 다르다

한때 이십 대 사이에서는 초식남, 건어물녀, 철벽녀 등 연애를 제대로 하지 못하는 사람들을 지칭하는 용어가 유행했다. 인터넷을 통해 자신이 그런 유형은 아닌지 알아보는 체크리스트도 여기저기서 찾아볼 수 있었다. 요즘에는 혼자서 밥 먹고 혼자서 술 먹는 이들을 가리키는 혼밥족, 혼술족이라는 말이 유행이다. 연애니, 인간관계니 신경 쓰고 싶지 않다는 뜻일 것이다.

물론 그런 유형이 처음부터 정해져 있는 것은 아니다. 굳이 이유를 찾자면 외로움을 못 느끼거나, 외롭기는 하지만 이성을 만나서 연애를 하자니 그 과정이 번거롭기 때문일 게다. 대개는 매우 독립적인 성격이거나 누군가가 자신을 구속하는 것을 참지 못하는 사람들이 쉽게 그와 비슷한 상황에 처하곤 한다. 그들은 연애

를 할 때도 상대방에게 의존하는 것을 무슨 바이러스가 퍼지는 것
쯤으로 여기는 경향을 보인다.

나를 버리지 않고 너를 사랑할 수 있을까?

나영우 씨는 30대 초반의 전문직 여성이다. 일에서 완벽을 추구
하는 타입으로, 그 덕분에 자기 분야에서 꽤 커리어를 쌓을 수 있
었다. 인간관계에서도 늘 바르게 처신하므로 모두들 그녀를 좋아
했다. 그런데 어찌 된 셈인지 연애만큼은 잘되지 않았다.

영우 씨는 철저하게 독립적으로 살아가는 타입이었다. 그녀는
단지 여자라는 이유로 남자에게 의존하는 여자들을 경멸했다. 그
녀는 자신이 정신적으로나 경제적으로나 남자로부터 완전히 독립
해 있다고 믿었다. 그랬기에 의존적인 여자들에게 더욱 단호할 수
있었는지도 모른다.

영우 씨는 데이트를 할 때도 비용은 늘 남자와 똑같이 나누어
부담하는 것을 원칙으로 했다. 단지 여자라는 이유로 남자에게 데
이트 비용을 전가하는 것은 그녀의 독립적인 성격이 용납하지 않
았다. 사실 이것은 독립성 이전에 매너의 문제이자 상대방에 대한
배려 차원에서도 당연한 일이긴 하다.

요즘 데이트 비용 때문에 '커플 통장'을 만드는 사람들이 늘고
있다는 이야기를 들은 적이 있다. 높은 물가 탓에 데이트 비용이
만만치 않기 때문이리라. 그것을 남자 혼자 부담하라는 것은 무리

한 요구다. 그런데도 여자들 중에는 여전히 남자가 모든 것을 다 부담해야 한다고 생각해 트러블이 생기는 경우가 종종 있다.

데이트 비용은 물론 여행지나 맛집 섭외, 각종 이벤트 등 남자의 일방적인 희생이 너무도 당연하다고 생각하는 여자친구 때문에 결국 헤어졌다는 남자들도 있다. 이야기가 다소 옆길로 샜지만, 아무튼 건강하고 주도적인 연애를 하려면 사랑의 감정도, 데이트 비용도 일방통행식은 곤란한 법이다.

영우 씨의 문제는 다만 연애 감정까지 상대방이 다가오는 만큼 자신도 똑같이 분배한다는 데 있었다. 자신이 상대방에게 조금이리도 의존하는 기미가 보이면 견디지 못했다. 하지만 돈이면 몰라도 사랑의 감정을 자신의 원칙대로만 분배할 수는 없는 일, 영우 씨 역시 한 남자에게 크게 마음이 기울어지는 일이 생기고 말았다. 결국 그녀는 자신의 원칙과 사랑의 감정 사이에서 혼란에 빠졌다.

"마음의 갈등이 몹시 컸습니다. 저도 모르게 남자에게 힘든 문제를 의논하고 싶고 보호받고 싶어지는 거예요. 처음엔 그런 감정 자체가 낯설고 어색했습니다. 하지만 시간이 흐를수록 의지할 수 있는 누군가가 곁에 있다는 사실이 좋아졌습니다. 그의 존재가 힘이 되는 건 말할 것도 없고요."

영우 씨는 얼마 지나지 않아 남자에게 프러포즈를 받았다.

"그 순간엔 정말 기뻤습니다. 내가 사랑하는 남자한테서 나 또한 깊은 사랑을 받고 있구나 하는 생각이 들어서 행복했죠."

그러나 영우 씨는 남자의 청혼을 받아들이지 못했다.

"진짜 결혼이란 걸 하고 나면 제가 그 사람한테 지나치게 의존적이 될까 봐 몹시 두려웠거든요."

남자는 기다리겠다고 했다. 하지만 영우 씨는 쉽게 마음의 갈피를 잡지 못했고 결국 상담을 받으러 왔다. 나는 그녀에게 '의존하는 것'과 '의지하는 것'의 차이를 설명해주었다. 영우 씨는 그 둘의 차이를 혼동하고 있었기 때문이다.

혼자 있을 수 있는 이는 둘이어도 된다

의존하는 것은 자신의 전부를 상대방에게 내맡기고 매달리는 상태를 의미한다. 그들은 "나한텐 너뿐이다. 네가 날 사랑한다면 나의 모든 요구를 들어주고 나만 바라봐야 한다"라고 주장한다. 그런 경우 상대방은 대개 이쪽의 이기적이고 끊임없는 요구에 진절머리를 내기 마련이다. 그런데도 정작 문제를 일으킨 당사자는 자신의 행동을 의식조차 못 하거나, 오히려 상대방이 자기 마음을 몰라준다고 분개하거나 징징대곤 한다.

그러나 의지하는 것은 다르다. 의지하는 것은 자신의 일과 결정에 대해서 책임을 다하되, 상대방에게도 마음을 열고 어려운 점을 의논한다거나 도움이 필요하면 솔직하게 자신의 상황을 밝히고 도움을 청할 수 있는 상태를 말한다. 의존과는 분명 다른 형태다.

영우 씨처럼 상대의 배려와 관심을 강박적으로 거부하는 것도 건강한 상태라고는 할 수 없다. 지극히 자연스러운 감정을 거스르는 것도 하나의 오만이다. 스스로 자신의 외로움을 해결할 수 있을 만큼 충분히 독립적이고 자신의 선택에 책임을 질 줄 아는 사람인가 하는 것이 중요하다. 만약 그렇다는 대답이 나오거든 사랑하는 사람에게 의지하는 것을 겁내지 마라. 누군가의 말처럼 "혼자 있을 수 있는 것이 증명되면 둘이 함께"여도 된다.

XOXO

거짓된
희망에
속지
않기

이지현 씨는 미모뿐 아니라 재능도 뛰어났다. 당연히 많은 남자들이 그녀를 좋아했다. 그중에서 마음에 드는 상대가 있으면 지현 씨는 곧장 연애에 돌입했다. 한마디로 지현 씨는 바람둥이였다. 연애 기간도 짧았지만 어떤 때는 여러 명과 동시에 사귀기도 했다.

지현 씨는 모든 남자들에게 "나한텐 너뿐이야, 너처럼 괜찮은 남자는 본 적이 없어"라고 속삭였다. 하지만 그것은 진심이 아니었다. 그녀는 단지 남자의 마음을 녹이는 데 선수였다. 그리고 상대가 자기에게 완전히 빠졌다 싶으면 가차 없이 이별을 통보했다.

그 남자들 중에는 지현 씨가 진심으로 좋아한 사람도 있었다. 그런데도 막상 상대가 지현 씨에게 빠져들면 어김없이 그 사람을 차버렸다. 사실 그녀도 자신이 왜 그러는지 그 이유를 몰라 몹시 괴로워하고 있었다. 도무지 수위 조절이 되지 않는 지경에 이르자 상담을 요청해온 것이다.

상담을 통해 알게 된 그녀의 심리는 겉보기와는 달랐다. 그녀는 남자들이 진심으로 자기를 좋아할 리 없다고 생각하고 있었다. 그녀가 남자들을 유혹한 것도 사실 그들을 시험해보고 싶어서였다. 끝까지 남자들의 진심을 믿지 못한 그녀는 언제나 결국 '내가 버림받기 전에' 먼저 차버리는 쪽을 택했다. '버림받는 것에 대한 불안감'이 문제였다.

버림받는 것에 대한 공포

이런 사람들은 처음부터 여러 상대와 사귀기도 하지만 상대가 사랑을 고백하는 순간 내 편에서 이별을 선언하는 경우가 많다. 상대에게 싫증나서가 아니다. 거절당하거나 버림받는 것에 대한 공포가 너무 커서 생긴 마음의 병 탓이다.

남녀 관계뿐 아니라 인간관계의 문제는 대부분 이런 심리적 원인에서 비롯된다. 그중 상당 부분이 어렸을 때 부모와의 관계가 제대로 형성되지 못해서 생겨나곤 한다.

지현 씨의 경우 자기도 모르게 아버지에 대한 분노를 간직하고 있었다. 아버지는 지현 씨가 어릴 때부터 가족들을 억압하며 폭군처럼 군림해왔다. 어린 지현 씨는 다정하고 온화하며 자신을 사랑해주는 아버지를 간절히 원했지만, 아버지는 단 한 번도 그런 소망을 이뤄준 적이 없었다. 원망과 분노는 깊은 상처가 되어 지현 씨의 무의식 속에 남아 있었다. 이는 남자들에 대한 적개심이라는 형태로 드러났다. 그녀가 남자들을 유혹한 다음 차버린 것은 결국 아버지에게 사랑받지 못한 것에 대한 보복이었다.

성장 과정에서 충분히 사랑받지 못한 아이가 어른이 되어 끝없이 사랑의 허기로 고통당한다는 것은 단순히 정신의학만의 영역이 아니다. 이미 모두에게 알려져 있으며 알려고만 한다면 스스로 알아차릴 수 있을 만큼 상식에 가까운 사실이다. 하지만 아는 것과 그것을 바로잡는 것은 다른 문제다. 그들을 보면 어린 시절 사랑에 굶주린 경험이 얼마나 오래도록 한 사람을 괴롭히는지 많은 생각을 하게 된다.

사랑도 중독이다
:

그들에게 그 굶주림은 독처럼 치명적일 때가 많다. 그것은 어떤 사랑으로도 채울 수 없을 만큼 깊은 상처를 남긴다. 어떤 사람들은 사랑을 시험하는 것으로도 모자라 오로지 섹스에만 탐닉한다. 사랑의 허기를 그런 식으로 채우려는 것이다. 약물이나 술에 의존하는 사람도 있다. 물론 그들도 그것이 옳은 방법이 아니라는 것을 안다. 하지만 그렇게라도 하지 않으면 너무 공허하고 불안해서 쉽사리 거기서 벗어나질 못한다. 사랑에 대한 갈망은 알코올 중독자가 다음번 술을 언제 마실 수 있을지 모를 때 공포에 사로잡히는 것과 같다. 금단증상을 겪는 것도 비슷하다. 가슴의 통증이나 복통, 불면증, 수면 과다, 우울증 따위의 증상이 그들을 괴롭힌다.

『우울증의 해부』를 쓴 로버트 버턴은 사랑 역시 우울증의 한 형태라고 단언했다. 사랑의 허기로 고통받는 사람들에게는 그 말이 맞는지도 모른다. 때로는 그 고통이 너무나 격렬하므로 사람들은 어떤 방법을 동원해서라도 고통으로부터 벗어나려고 안간힘을 쓴다. 그들은 자신의 불완전함, 공허, 절망, 슬픔 따위가 사랑의 대치물로 채워지리라는 거짓된 희망을 품곤 한다. 그들이 사랑을 갈망하면서도 한편으로는 시험하는 것을 멈추지 못하는 것도 그런 이유 때문인지 모른다.

내 마음을
괴롭히는 사람은
상대가 아니라
나 자신이다

김민수 씨는 사랑에 빠지는 게 두려웠다. 누군가를 만나 사랑하게 되면 무조건 사랑이라는 감정에 올인하는데, 그렇게 되는 순간부터 마음의 고통이 몹시 심했다. 나는 상대방을 이토록 사랑하는데, 저 사람은 왜 그만큼 나를 좋아하지 않는가 싶어 불안하고 화가 나서 견딜 수가 없었다. 그러면서 자기가 애정결핍이 아닌가 하는 생각도 했다.

그런 생각은 몇 번의 연애를 경험하는 동안 비슷한 관계를 맺는 자신을 들여다보면서 더 확실해졌다. 이상하게 연애를 할 때마다 그는 상대방이 마치 엄마처럼 자신을 따뜻하게 보살펴주기를 원했다. 성장 과정에서 사랑을 제대로 받지 못해 그런 게 아니냐는 것이 스스로 내린 결론이었다. 그러나 그의 성장 과정에는 특별히 그런 여지가 될 만한 사건이 없었다. 오히려 그는 부모의 사랑을 지나칠 정도로 듬뿍 받고 자란 사람이었다.

그런데도 그는 상대방이 조금만 자기에게 소홀하거나 자기만큼 사랑하지 않으면 화를 냈다. 어쩌다 자신과의 약속을 취소라도 하면 견딜 수 없이 화가 났다. 피치 못할 사정이 있든 없든 말이다.

사랑할 때 가장 중요한 것은 나 자신이다
⋮

그럴 때마다 민수 씨도 힘들었다. 도대체 자기가 왜 그러는지 자신도 이해하지 못했기에 더욱 괴로웠다.

그의 행동에는 다음과 같은 숨은 이유들이 있었다.

첫째, 성장 과정에서 사랑을 많이 받고 자란 사람은 은연중에 자기가 만나는 사람 모두가 자기에게 특별한 관심을 보여주기를 원한다. 그런 기대치가 충족되지 않으면 화를 내게 된다.

둘째, 급한 성격도 원인이다. 성격이 급한 사람, 즉 참는 힘이 부족한 사람은 사랑도 속전속결로 진행되기를 원한다. 그래서 상대방이 조금 미적지근해 보여도 견디지 못한다.

셋째, 원래 남을 잘 믿지 못하는 사람은 쉽게 상대방의 마음을 의심한다. 물론 그 원인은 열등감이다. 자신에 대한 기대치가 높을수록 기대치에 미치지 못하는 자기 자신에게 열등감을 느끼게 마련이니까.

넷째, 상대방을 자기 손에서 좌지우지하고 싶은 무의식적인 조종 심리 때문이다. 상대방이 마치 인형처럼 오라면 오고 가라면 가야 하는데, 상대방이 마음처럼 움직여주지 않으니 화가 난다.

다섯째, 지금 자신이 처한 상황이 외롭거나 스트레스가 많아서 힘들기 때문이다. 배고플 때 음식에 집착하고 목마를 때 더 갈증을 느끼는 것처럼 사랑하는 사람에게 더욱 집착하게 된다.

민수 씨는 자신의 알 수 없는 행동의 이유로 이 다섯 가지가 다 맞는 것 같다고 동의했다. 그리고 어떻게 하면 그런 감정에서 벗어날 수 있을지 알고 싶어 했다. 그에게 나는 다음의 방법들을 알려주었다.

첫째, 상대방도 나처럼 인격이 있는 사람이라는 사실을 생각하라고 했다. 내가 아침에 일어나기 싫을 때가 있듯이 상대방도 피곤해서 나와의 약속 대신에 혼자 뒹굴고 싶을 때가 있다. 친구와 편안하게 차 한잔 마시고 싶을 때도 있을 테고. 그것은 내가 싫어서가 아니라 단지 그 순간에 나를 만나는 일보다 더 하고 싶은 일이 생긴 것뿐이다. 그것을 받아들일 수 있어야 한다.

좋고 비싼 음식을 앞에 두고 때로는 소박한 음식을 먹고 싶다는 생각이 드는 것처럼, 아무리 좋은 사람이라도 만나기 부담스러울 때가 있다. 특히 사랑하는 사이에서는 잘 보여야 한다는 부담감이 무의식적으로 작용하기 때문에 그런 부담감이 버겁게 느껴질 때도 있다. 그것을 사랑이 식었다, 마음이 변했다고 생각해서는 안 된다.

상대방을 인정해줄수록 그 관계는 더 오래가기 마련이다. 상대방도 자신의 욕구를 있는 그대로 인정해주고 수용해주는 것을 고

마워한다.

둘째, 일이 마음대로 진행되지 않을 때는 그런 스트레스를 다스릴 수 있는 뭔가가 필요하다. 이때 가장 효과적인 것은 창조적이고 생산적인 일이다. 악기를 배운다든지, 꽃을 심는다든지, 동물을 키워본다든지, 흙으로 뭔가를 만들어본다든지 하는 창조적인 활동에 몰입해본다.

그렇지 않은가. 기분이 가라앉을 때 마음먹고 집 안을 청소하거나 서랍을 정리하면 언제 그랬냐 싶게 기분이 좋아지는 경험을 한 번쯤 해봤을 것이다. 재미있는 탐정소설을 읽든지, 춤을 신나게 추어보든지 아무튼 스트레스에서 마음을 탈출시킬 수 있는 뭔가가 꼭 필요하다. 식물도 자라나려면 물과 거름, 햇빛이 필요한 것처럼 마음도 어둠에서 벗어나려면 그만한 투자가 필요하다는 점을 꼭 기억해두어야 한다.

셋째, 자기 자신을 소중하게 여기는 마음이다. 사랑 때문에 힘들어 할 때마다 생각해보라. 내가 왜 내 마음을 어지럽게 하는가. 차라리 그런 순간 내 손이 할 수 있는 것, 내 눈이 볼 수 있는 것, 내 귀가 들을 수 있는 것, 내 머리가 생각할 수 있는 것을 생각하고 그 방향으로 좀 더 넓혀나가 자신을 발전시키려고 애써야 한다. 다시 한 번 강조하지만, 세상의 모든 것은 내가 있을 때만 존재한다. 그러므로 지금 내가 하는 행동이 자신을 소중하게 여기는 것인지 아닌지 늘 생각해볼 필요가 있다.

넷째, 어떤 경우에도 우리가 포기하지 말아야 할 것은 바로 자신의 발전과 성숙이다. 생각해보라, 누가 자신을 발전시키고 성장시킬 수 있는지. 가족도 친구도 연인도 아니다. 바로 자기 자신이다. 그런 소중한 자신을 어떤 순간이든 방기하지 않도록 노력하는 것이 이 세상에서 가장 중요한 일이다.

나 자신의 발전과 성장이 중요한 이유는 내가 발전하고 성장할수록 사랑을 포함해 무슨 일이든 예전과는 다르게 할 수 있어서다. 초등학교에 다닐 때는 모든 걸 다 아는 것 같았지만, 중학교와 고등학교를 다니면서, 또 사회에 나와서 생각해보면 그때 알았던 것이 얼마나 작은 것이었는지 새삼 깨닫게 된다.

그처럼 마음도 커가면 커갈수록 생각하고 느끼고 행동하는 것이 달라질 수 있다. 그래서 마음을 키우는 것이 중요하다. 그 과정에서 겪어야 할 여러 실수와 고통을 두려워할 필요는 없다. 땅을 넓혀나가려면 계속 경작해야 한다. 마음도 마찬가지다. 마음을 키워나가기 위해서는 노력에 노력을 거듭해서 끊임없이 경작해야 한다. 마음을 키워나가는 과정에서 경험하는 모든 것을 소중히 여겨야 한다.

내가
괜찮은 사람이라면
인연은
반드시 나타난다

김하늘 씨의 예전 남자친구는 아내와 딸이 있는 유부남이었다. 그녀는 내게 그 사실을 어렵게 털어놓았다. 같은 직장에 근무했던 그 남자는 자기 가족에게 매우 헌신적인 사람이었는데, 곁에서 지켜보던 하늘 씨는 언제부터인가 자기에게도 그런 사랑이 찾아오기를 간절히 바랐다고 한다.

하늘 씨는 날마다 싸우는 부모 밑에서 거칠고 외롭게 자랐다. 아버지는 한 번도 딸을 안아준 적이 없었다. 늘 사랑받고 싶다는 생각이 간절했던 그녀에게 그 남자는 정말 완벽해 보였다. 하늘 씨는 남자를 유혹했고, 결국 성공했다. 그리고 아내와 딸에게 했던 것처럼 자기에게도 헌신적이고 다정한 모습을 보여주기를 원했다.

남자는 노력했지만 이미 가정이 있는 사람이었으므로 처음부터 두 사람의 관계는 한계가 정해져 있었다. 여자 역시 그것을 모르지 않았다. 하지만 남자가 조금만 소홀한 눈치를 보여도 미친 듯이 화를 내고 울며불며 매달렸다. 스스로 '광기에 가까운 집착'을 보였다고 말하는 하늘 씨는 결국 아주 시시한 다툼 끝에 남자와 헤어졌다.

그런데 헤어지고 난 후 그녀는 너무 혼란스럽다고 했다. 그 남자에 대한 미련 때문이 아니었다. 오히려 헤어지자마자 어느 순간 자기가 거짓말처럼 그 남자를 까맣게 잊어버리고 있다는 사실에 충격을 받았다는 것이다.

"어떻게 이럴 수가 있죠? 진심으로 그 사람을 사랑한다고 생각했거든요. 그래서 집착했고요. 그런데 그게 사랑이 아니라 그냥 감정의 유희였던 건가 봐요. 그 사람이 없어도 잘 살 수 있다는 사실을 깨달았을 때의 제 마음이 얼마나 허망하고 처참했는지 아시겠어요?"

하늘 씨는 그때의 자신을 이렇게 읊조렸다.

"사실, 꼭 그 사람이 아니어도 상관없었을 거예요. 그저 황폐한 내 마음을 채워주고 위로해줄 수 있는 누군가가 필요했던 거죠. 이제는 그런 기대나 욕구를 채워줄 수 있는 사람은 없다는 걸 알았지만요."

하늘 씨는 남자와 사랑에 빠져 있다고 생각할 때도 늘 자신이 정말 사랑받고 있다는 사실을 믿지 못했다. 끊임없이 그 사랑을 확인하려 했다. 남자의 말 한마디, 몸짓 하나에 민감하게 반응한 것도 그 때문이었다. 그런데 이제 와서 그 모든 것이 단지 자신의 무의식적인 기대치와 욕구에 따른 감정의 유희에 지나지 않았다니 허망할 수밖에.

나의 부족함을 타인이 채워줄 수는 없다

:

연인 관계에서 이런 경우는 생각보다 많다. '필요해서 사랑하는 것'과 '사랑해서 필요로 하는 것' 사이에는 커다란 차이가 존재한다. 필요해서 사랑하는 사람들을 보면 자신의 의존 욕구를 사랑으로 착각하는 경우가 많다.

나무에 오른다고 가정해보자. 같은 행위라도 목적에 따라 전혀 다른 의미를 가질 수 있다. 어떤 위험을 피하려고 나무에 오르는 것과 좀 더 넓은 시야로 세상을 보려고 나무에 오르는 것은 같은 행동이다. 하지만 그 목적은 완전히 다르다.

후자의 경우는 전적으로 자유의사에 달렸다. 따라서 어떤 나무에 어떻게 오를 것인지 충분히 살펴보고 생각할 수 있다. 하지만 전자처럼 긴박한 필요성 때문이라면 눈에 보이는 대로 아무 나무에나 올라갈 테고 몸을 숨길 수만 있다면 굳이 나무가 아니라 구멍이나 동굴이어도 상관없을 것이다.

사랑도 예외는 아니다. 사랑을 위해 시작된 관계인지, 아니면 정신적 외로움이나 공허감을 메우기 위해 시작된 관계인지에 따라 그 과정과 결과가 달라진다. 진정한 사랑은 자신이 사랑하는 것만으로도 만족하므로 상대의 사랑을 의심하거나 경계하지 않는다. 사랑에 꼭 필요한 요소인 확실성과 지속성이 늘 유지되므로 불안해하지도 않는다. 그 반면 자신의 외로움을 덜기 위해 시작된 관계는 외로움을 달래려는 욕구 충족이 우선이다. 그러므로 왜 그 사람을 선택했는지에 대한 진지한 성찰이 불가능하다.

그리고 사실 이때 사랑하는 대상은 상대방이 아니라 바로 자기 자신이다. 단지 '내가 필요하므로 널 사랑하는 것'이므로 상대에 대한 사랑도 그가 자신의 욕구를 얼마나 채워주느냐에 따라 좌우된다. 그러면서도 상대방이 자기에게 원하는 것은 무엇이든지 부담스러워 한다. 자기의 욕구와 필요가 우선이므로 상대방에 대한 배려나 사랑이 자랄 공간이 없다.

그래서는 아무리 좋게 봐주어도 진짜 연애 혹은 사랑이라고 할 수 없다. 그것을 이해할 때 비로소 외로움 때문에 섣불리 연애에 뛰어드는 일을 멈출 수 있다. 자신이 괜찮은 사람이라면 좋은 인연은 반드시 나타난다. 외롭다고 타인에게 의존하지 말고 자신이 내면이 내는 소리에 귀 기울여야 한다. 자신의 마음이 무엇을 원하는지 먼저 파악하고 이를 충족하기 위해 노력하려는 자세를 가져야 한다. 무엇보다 감정의 유희에서 나를 지키는 법을 배워야 한다. 나 자신을 지킬 줄 아는 사람이라면 분명 자신의 사랑도 지킬 수 있다.

헤어진
그 사람을
다시
만나는 이유

"사귀던 사람과 헤어졌어요. 하지만 아무래도 포기가 안 되는군요. 더 좋은 사람을 만날 자신도 없고, 그와 함께했던 모든 시간이 그리워요. 헤어져서 이렇게 괴로울 바에는 차라리 다시 시작하자고 하면 안 되는 걸까요?"

요즘 드라마에도, 온라인의 연애 상담 사이트에도 헤어진 연인 또는 부부가 다시 재회하는 게 하나의 트렌드처럼 되어 가고 있다고 한다. 문제는 다시 만난 사람들이 잘될 수 있는 확률이 그리 높지 않다는 데 있다.

헤어졌는데 다시 만나는 사람들의 심리는 어떤 것일까? 그리고 그들이 품고 있는 환상은 무엇일까? 그에 대한 궁금증과 주의점을 살펴보려고 한다.

손실 혐오의 법칙

:

헤어진 연인 또는 부부가 다시 재결합을 하는 데는 여러 이유가 있다. 그중 하나는 투자에서 말하는 '손실 혐오의 법칙' 때문이다.

많은 사람들이 순전히 감정적으로 제때 팔아야 할 주식을 팔지 않고 오래 갖고 있다고 한다. 그것을 계속 갖고 있으면 큰 손해를 본다는 것을 알지만 그런 사실 자체를 인정하고 싶지 않은 심리가 원인이다. 그것이 투자에서 말하는 '손실 혐오의 법칙'이다.

그런데 사실은 그런 동기와 법칙이 좀 더 많이, 좀 더 깊게, 좀 더 오랫동안 적용되는 영역이 바로 남녀 관계 또는 결혼 생활이다. 많은 커플이 이 손실 혐오의 법칙 때문에 지리멸렬한 관계에서 빠져 나오지 못한다. 실제로 임상에서 만나는 커플들 가운데 그런 딜레마를 갖고 있지 않은 사람들은 거의 없을 정도다.

그런데도 마침내 헤어졌다면 그만큼 사정이 심각하다는 의미다. 만약 그런 커플들이 재결합을 원한다면 역시 손실 혐오의 법칙에서 벗어나지 못했기 때문이라고 봐야 한다. 이제까지 여러 가지 일을 겪으면서 연애를 지속해왔는데 함께 보낸 시간들이 아까운 것이다. 이때 상대가 조금이라도 달라지는 모습을 보여주면 다시 만나야겠다는 결심은 굳어질 수밖에 없다.

두 번째는 익숙함과 두려움이 원인이다. 누구나 새로운 사람을 만나 새로운 관계를 만들어나가는 것을 불안해하고 두려워한다. 그 사람이 나를 마음에 들어 하지 않을 수도 있고 사랑받지 못할 수도 있다. 그런 두려움이 싫어서 결국 익숙한 그 사람을 찾게 된다.

과거에 헤어진 사람은 성격이 나쁘고 나와 안 맞는 면도 있었지만, 연애하는 동안은 나를 사랑해주었다. 무엇보다 내게는 익숙한 사람이다. 이러한 사실이 그 사람과 헤어진 동기보다 강할 때 우리는 재회를 꿈꾼다.

세 번째는 역시 낮은 자존감이 원인이다. 자존감이 낮은 사람은 자신을 사랑하는 법을 모른다. 타인이 나를 사랑해주고 나를 위해 뭔가를 해주는 것에서 삶의 의미를 찾는다. 그 타인이 새로운 사람보다 나를 속속들이 알고 추억도 있는 사람일 때 그가 보여주었던 사랑의 일면을 전부인 양 증폭시키기 쉽다. 어찌 보면 당사자에게는 그 사랑이 그리워지는 것이 그리 이상한 일이 아니다.

술을 마시고 옛 연인에게 전화하는 심리 역시 잘해보려는 것과는 별 상관이 없다. 단순한 미련 혹은 내 옆에 익숙한 누군가가 여전히 있다는 안도감을 느끼고 싶어서 나온 행동일 뿐이니까. 내가 그리워서가 아니라 술 마신 김에 감상적이 되어서 그나마 제일 가까웠던 사람에게 이해받고 있다고 안심하기 위해서 전화를 했을 확률이 높다. 이것이 고착되면 습관이 될 가능성 또한 매우 크다. 다른 사람과 헤어져도 똑같은 행동을 할 것이라는 이야기다. 아무튼 헤어진 뒤에 술 마시고 전화하는 타입은 이기적이라고 생각하는 것이 좋다. 자신의 싸구려 감상만 생각하고 상대가 받을 마음의 상처는 생각하지 않는 행동이니까. 상대를 아끼고 생각해서 전화하는 경우는 거의 없다. 진정 상대를 다시 만나고 싶다면 당연히 맨정신에 연락할 것이다.

헤어진 그 사람과 다시 시작하고 싶다면

⋮

사실 재결합은 상대가 변할 것이고 나 또한 변할 것이라는 전제에 기초를 두고 있다. 두 사람이 예전보다 훨씬 더 노력할 것이므로 연애도 그전보다 좋을 것이라고 기대한다. 또 하나는 상대를 변하게 하고 싶다는 심리, 즉 상대가 나로 말미암아 마침내 변했다는 자기만족을 채우려는 심리도 있다.

하지만 대개의 경우 그런 기대는 단순한 환상일 뿐이다. 현실에서는 상상하는 것보다 백만 배 이상 참고 더 많이 노력해야 한다. 사람은 스스로 변하겠다고 마음먹고 행동하지 않는 이상 다른 사람 때문에 바뀌는 존재가 아니다.

헤어졌던 그 사람과 다시 시작하고 싶다면 상대에 대한 기대를 완전히 버리고 제로에서 출발해야 한다. 그는 어쩌면 예전과 조금도 다르지 않게 행동할지도 모른다. 그래도 그와 함께하고 싶다면 내가 참아야 한다. 하지만 굳이 그럴 필요가 있을까? 나를 제대로 대해주는, 나의 가치를 알아봐주는 새로운 사람이 나타날 수도 있는데 말이다.

Chapter 3

당신은
연애하기에
충분히 좋은 사람이다

연애 상대가 내 곁을 떠난다면 그건 그에 비해 내가 못나서가 아니라 예전과 같지 않은 내 모습에 실망해서다. 연애에서 완벽함이란 두 사람이 서로 변함없이 사랑하고 지속적인 관심과 힘을 주며 힘든 세상에서 위로를 주는 관계 자체에 있을 뿐 사람에게 있지 않다. 그도 나도 완벽하게 불안전한 사람일 뿐이다.

불안에서 벗어나는
가장 쉬운 방법

:

　모든 인간관계에는 무의식적인 파워게임이 작용한다. 사랑의 관계에서도 마찬가지다. 누구도 상대보다 자신이 더 그 사람을 사랑하기를 바라지 않는다. 그럴 경우 상대에게 집착하고 의존해 자신을 잃어버리는 일이 생겨날 수도 있다. 따라서 그저 상대가 나를 더 사랑하기를 바랄 수밖에 없다. 그것은 동서고금을 통틀어 거의 모든 인간이 지닌 바람이다.

　영국 작가 시베스천 폭스는 다음과 같이 표현했다.

　"신께 부탁하오니, 제발 더 사랑하는 쪽이 제가 아니고 상대방이 되게 해주세요. 내게 그건 견딜 수 없는 일이니⋯⋯.'

　혹시 누군가를 사랑하게 되었을 때 이와 비슷한 기도를 올려본 적이 있는가? 아마도 "그렇다"고 할 사람들이 더 많지 않을까? 사랑할 때 더 많이 불안해하고 더 많이 애달파하고 더 많이 고통받는 쪽은 언제나 더 많이 사랑하는 사람이니까. 게다가 웬만해서는 평등하게 서로 좋아하는 관계가 성립하기 어려운 게 사랑 아니던가.

시소도 두 사람이 평행을 유지하여 앉아 있기가 얼마나 어렵던가. 늘 어느 한쪽이 먼저 올라가거나 내려가기 마련이다. 사랑의 관계도 마찬가지다. 둘이 동시에 사랑에 빠지고 항상 똑같은 양으로 사랑하는 경우는 불가능에 가깝다. 현실 속 관계란 어느 한쪽이 먼저 시작하고 어느 한쪽이 먼저 식어서 결국 끝이 나게 되어 있다.

인간은 미완성의 존재로 태어나서 역시 미완성인 채로 죽을 수밖에 없는 존재다. 누구나 처음부터 열등감과 불안, 두려움과 의존의 욕구, 허기와 갈망의 문제들을 안고 태어난다. 이런 불안과 열등감에서 벗어나려는 가장 본능적이고 보편적인 방법이 바로 누군가를 사랑하고 사랑받는 것이다.

마음속에 결핍된 것을 채우고 싶을 때도 우리는 사랑을 갈망한다. 누군가에게 사랑받는다는 것은 그만큼 자신이 가치 있는 존재라는 걸 뜻하기 때문이다. 그런 소중한 경험이야말로 삶의 모든 결핍을 보상해주고도 남는다. 그리하여 우리는 누군가를 사랑하고 사랑받는 순간부터 더는 불안하지도, 공허하지도, 결핍감을 느끼지도 않을 거라고 기대한다.

사랑에 빠졌을 때 상대방을 완전하게 소유하고 싶어 하는 것도 그런 심리에서 비롯된다. 자신의 열등감과 두려움, 불안과 결핍의 문제를 해결해줄 수 있는 사람을 소유해 두 번 다시 그와 같은 두려움과 공허를 느끼지 않기 위함이다. 사랑을 통해 영원히 구원받고 싶은 마음은 누구에게나 있다.

똑똑한 사람이 사랑에 실패하는 이유

사실 이러한 감정은 당연하고 자연스러운 것이다. 다만 그 소망이 너무 클 때 다른 국면으로 치닫게 되고 그 부분에서 문제가 발생하는 것일 뿐. '그토록 중요한 존재'인 상대방이 자기 곁을 떠나갈지도 모른다는 불안과 두려움에 사로잡혀 전전긍긍하면서부터 사랑은 원래의 색깔을 잃는다.

특히 다른 면에서는 똑똑하다고 자부하는 사람이 사랑할 때 무수한 실수를 저지르는 것은 그만큼 불안감을 이겨내기가 쉽지 않다는 뜻이다. 하지만 그것은 충분히 노력해볼 만한 가치가 있다. 사랑에는 불안감이 따른다는 것, 그 불안감을 솔직히 받아들이고 서로 신뢰의 감정을 쌓아나가도록 노력하는 것이 사랑의 과정임을 알아야 한다.

사랑의 또 다른 모습인 불안감을 극복하면서 경험하는 자긍심은 그 어떤 것을 달성했을 때와도 비교할 수 없는 행복감을 준다. 안타깝게도 이 행복을 누릴 수 있는 사람이 많지 않다. 사랑은 행복하려고 하는 것이다. 따라서 다소 힘들더라도 사랑에 따르는 불안감을 극복하려는 노력이 필요하다.

그는
왜 하필
나를
좋아하는 것일까?

모든 여자들이 원하는 이상형의 남자와 연애하는 것은 어떤 기분일까? 과연 그런 행운을 거머쥔 여자가 있을까? 그런 여자가 정말 있었다. 바로 민주 씨였다.

그녀는 주위의 모든 친구들이 부러워하는 연애를 하고 있었다. 그 남자를 만난 것은 어느 소개팅 자리에서였다. 훤칠한 키에 모델 같은 외모를 지닌 남자를 보며 그녀는 '드디어 이런 행운이 나에게도 오는구나! 하지만 너무 오버하지 말자'라는 생각을 머릿속에 집어넣으며 남자와 대화를 이어나갔다. 시간이 흐를수록 상대방이 요즘 보기 드문 괜찮은 남자라는 느낌이 오기 시작했다.

그는 화목한 가정에서 대체로 만족할 만한 성장기를 보낸 것 같았다. 좋은 가정교육을 받은 남자라면 으레 그렇듯 성격이 모나지도 않았고 열등감도 없어 보였으며 여자를 위할 줄 아는 좋은 매너도 지니고 있었다. 지적인 데다 어떤 주제가 나와도 당황하지 않고 웃으며 대답하는 여유도 있었다. 두 사람 사이에 침묵이 찾아올 때면 그는 어린 시절의 아주 사소한 이야기들로 그녀를 웃게 했다. 그런 남자의 모습에서 민주 씨는 안정감을 느꼈다.

중요한 건 그녀가 남자에게 빠졌고 남자도 그녀에게 호감을 보이고 있다는 사실이었다. 민주 씨는 그와 몇 번의 데이트를 더 했다. 얼마 지나지 않아 드라마 속에서나 나올 법한 남자가 바로 그녀 옆에 존재했다. 아침마다 안부 문자를 보내는 현실적이고 완벽한 남자친구가 되어서.

"완벽한 남자가 과연 세상에 존재할까?"

민주 씨와 친구들은 그동안 이런 남자의 존재 유무에 대해 자주 토론해왔다. 결론은 언제나 "그런 남자는 없다, 있더라도 그런 완벽한 남자가 날 만나고 있을 리가 없다"는 쪽으로 끝났다. 그런데 완벽한 남자는 존재했다. 그것도 스스로 늘 모자라고 불완전하다고 여기는 민주 씨 옆에. 그리고 거기서부터 문제가 시작되었다.

상대적 결핍은 불안을 불러온다
⋮

민주 씨는 남자친구와 길을 걸을 때나 카페에서 이야기를 나눌 때면 종종 여자들의 시선이 자신들을 향한다는 걸 느꼈다. 불특정 다수이긴 해도 여자들의 눈에는 '대체 왜?'라는 질투 어린 시선과 의문이 담겨 있었다. 남자는 전혀 신경 쓰지 않았지만 민주 씨는 달랐다.

둘의 연애 기간이 길어질수록 민주 씨는 생각이 많아졌다. 대부분은 부정적인 것들이었다. 그녀는 거울을 좀 더 자주 보기 시작했다. 그녀의 왼쪽 뺨 아래쯤 뾰루지가 몇 개 나 있었고, 코에는 블랙헤드가 촘촘히 박혀 있었다. 코도 휘었고 눈도 예쁘지 않았다. 배도 나왔고 다리도 날씬하지 않았다.

그녀의 생각은 남자의 가족과 자신의 가족으로 이어졌다. 민주 씨의 부모는 별거 상태로 그녀는 현재 엄마와 단둘이 살고 있었다. 가족 이야기를 할 때면 그녀는 할 말이 없어졌다. 그녀는 양쪽 부모 틈에 끼어 혼자 살 궁리를 해야 했다. 그녀의 집은 불행했고 돈도 많지 않았다. 친구들이 어학연수니 해외여행이니 하며 외국을 오갈 때 그녀는 학자금 대출로 학교를 다녔고 커피 전문점에서 아르바이트를 해야 했다.

그래도 민주 씨는 조금도 주눅 들지 않는 것처럼 보였다. 적어도 겉으로는 그랬다. 그녀는 솔직히 명품 백을 팔에 끼고 다니는 또래 여자들이 모여 수다 떠는 모습을 볼 때마다 그 여자들이 부러웠다. 중요한 것은 그녀가 이 모든 것을 아무에게도 말하지 않았다는 사실이다. 민주 씨는 남자친구에게도 이런 이야기를 하지 않았다.

단지 언제부터인가 남자의 전화 한 통, 문자 하나에 신경이 쓰이기 시작했다. 이 남자를 놓치지 말아야 한다는 생각에 초조함마저 들었다. 민주 씨는 그런 자신의 모습이 잘못되었다는 걸 알고 있었다. 하지만 멈출 수가 없었다. 남자친구가 비싼 레스토랑이나 평소에 가기 힘든 좋은 장소에 데려가고 선물을 줄 때마다 그녀는 자신이 쪼그라드는 것 같았다.

그녀는 남자를 만날수록 점점 더 다른 사람이 되고 싶다는 생각이 들었다. 더 나은 여자, 남자와 같이 걸어도 주눅 들지 않는 외모와 스펙을 가진 아름답고 현명한 여자. 민주 씨는 그런 여자가 되어 남자 옆에 있고 싶었다. 민주 씨는 자신이 더 '노력'해야 한다고 생각했다. 이를 다른 말로 바꾸면 그녀는 지금 '노력'이 필요한 사람, 곧 부족한 사람이라는 뜻이었다.

남자는 민주 씨의 당차고 생활력 강한 면이 좋다고 했지만 그녀는 남자의 생각에 동의하지 않았다. '너라면 이렇게 힘들게 살고 싶겠니?' 그녀는 점점 이 연애에 자신이 없어지기 시작했다. 남자가 자신을 좋아한다고 말해도 진심으로 행복할 수가 없었다. 이런 부정적인 생각은 꼬리에 꼬리를 물고 민주 씨를 괴롭혔다.

민주 씨는 그런 자신이 답답했다. 행복해야 마땅한 자신이 그렇지 않다는 데 굉장한 혼란을 느꼈다. 그녀의 행복을 앗아간 기분, 부정적인 생각들을 불러오는 또 다른 감정의 이름은 단 하나, 불안이었다.

그의 사랑은 진짜일까?
⋮

우리는 누구나 한 번쯤 완벽한 이상형과의 사랑을 꿈꾼다. 나를 완전하게 만들어주는 그런 사랑을. 살면서 우연히 또는 어떤 기회에 그런 상대를 만나게 된다면 그가 '별에서 온 그대'가 아니라 세상에 실재한다는 사실에 놀라게 될 것이다. 그 놀라운 사람이 나에게 호감을 표시해온다면, 그가 실재한다는 사실에 놀랐을 때와는 비교도 안 되게 더더욱 놀랄지도 모를 일이다.

완벽한 이상형의 대시를 거부할 사람이 몇이나 될까? 아마 굴러온 행운을 자기 발로 차버리는 행동을 하긴 힘들 것이다. 누구라도 드디어 나에게도 이런 인연이 왔다고 행복해하며 그 사람을 받아들일 것이다. 사람의 감정이 행복 하나라면 얼마나 좋을까? 하지만 우리는 불안과 질투를 느끼며 의심도 한다.

그러고 보니 곰곰이 따져볼수록 그는 나에게 미스터리로 다가온다. 그는 이 많은 여자 중에 왜 하필 나를 좋아하는 것일까? 그 사람 주변에는 분명 나보다 근사하고 멋진 사람이 많다. 그런데 어째서 뭐 하나 제대로 된 게 없는 나에게 손을 내미는 것일까? 어쩌면 그도 어딘가 이상한 구석이 있는 게 아닐까? 난 정말 그 사람을 사랑해도 될까? 과연 내가 그 사람의 사랑을 받아도 괜찮은 것일까? 과연 그의 사랑은 진짜일까?

이러한 의심과 불안의 꼬리는 점점 더 커진다. 불안의 가장 강력한 힘은 한번 그런 감정을 느끼기 시작하면 멈출 수가 없다는 데 있다. 게다가 불안은 단순히 '불안한 감정'이라는 한 가지 형태로 나타나지 않는다. 여러 다른 감정과 뒤엉켜 거대한 눈덩이처럼 표출된다. 거기에는 의심, 집착, 질투, 소심함, 열등감, 낮은 자존감 등이 뒤섞여 있다.

특히 연애에서 불안이라는 감정은 다른 상황에 비해 월등히 강력한 힘을 발휘한다. 그도 그럴 것이 나와 연애하는 상대는 현재 나와 가장 가깝고 모든 걸 주고받을 준비가 되어 있는 유일한 사람이다. 그런데 그 상대가 나보다 훨씬 완벽해 보이는 사람이라면, 그가 나를 아무리 사랑한다 할지라도 거리감이 느껴지는 게 당연하다.

내 세계의 주인은 나다

우리는 언제나 좀 더 완벽한 것이 좋은 것이라고 교육받아왔다. 예를 들어 사회생활을 잘하는 사람을 떠올릴 때 우리는 보통 시간 관리를 잘하고 일처리가 깔끔하며 자신의 사생활을 잘 드러내지 않고 인간관계에서 조율을 잘하는 누군가를 상상한다. 이런 이미지는 거의 완벽에 가깝다.

여기에 자신을 대입해보면 나라는 사람은 해당되는 점이 거의 없는 것 같다. 동료와 깨알 같은 수다를 떤다거나 윗선으로부터 혼나기도 하는 내 생활은 사회생활을 잘하는 사람과는 상당한 거리가 있다. 물론 나에게는 일처리가 늦는 대신 의외로 꼼꼼한 구석이 있다. 하지만 완벽한 것이 아니기에 큰 장점으로 느껴지지 않는다.

그러나 그런 대비는 문제가 있다. 생각해보자. 내 남자친구는 아침에 일어나 규칙적인 운동을 하지만 나는 좀 더 잠을 자려고 한다. 하지만 그것이 그가 나보다 더 낫고 완벽하다는 증거는 되지 못한다. 그가 아침에 규칙적인 운동을 하는 것이 좋아 보일 수는 있지만 내가 그러지 못한다고 해서 죄책감이나 자괴감을 가질 필요도 없다. 그는 부지런한 사람이고 나는 그의 그런 면을 자랑스러워하며 북돋아줄 수 있으면 그것으로 충분하다.

부지런함의 반대는 게으름이라는 사고방식은 사회에서 통용되는 공식이다. 사회는 내 밖의 세계다. 하지만 좋아하는 상대와 사랑을 주고받는 일은 내 안의 세계에서 일어나는 일이다. 그리고 그 세계에서는 그 누구도 아닌 내 자리가 가장 커야 한다.

우리는 모두 불완전한 존재일 뿐

⋮

완벽한 그 사람은 왜 나를 선택했을까? 그 해답은 내가 전혀 생각지 못한 곳에 있을 수도 있다. 그에게 내 장점을 말해보라고 하면 그는 한 치의 망설임도 없이 나의 장점을 술술 읊을지도 모른다. 그중에는 내가 조금도 장점이라고 여기지 않았던 점들도 있을 수 있다.

세상을 살다 보면 아주 사소한 것에 감동하고 힘을 얻을 때가 많다. 사회에서는 크고 완벽한 것이 필요한지 몰라도 마음의 세계에서는 작고 사소하지만 지속적으로 상대를 북돋아주는 것이 가장 큰 힘을 발휘한다. 그리고 그는 나의 어떤 면에서 그런 힘을 봤기에 나를 선택했으리라. 그것은 내가 오래전부터 갖고 있던 나만의 고유한 흔적 같은 것이다. 사회적 위치와는 아무런 상관이 없다. 내가 앞으로도 쭉 그런 힘을 줄 수 있는 존재인가 하는 점이 중요할 뿐이다.

연애 상대가 내 곁을 떠난다면 그건 그에 비해 내가 못나서가 아니라 예전과 같지 않은 내 모습에 실망해서다. 연애에서 완벽함이란 두 사람이 서로 변함없이 사랑하고 지속적인 관심과 힘을 주며 힘든 세상에서 위로를 주는 관계 자체에 있을 뿐 사람에게 있지 않다. 그도 나도 완벽하게 불완전한 사람일 뿐이다.

더 나은
상대가
나타날지도
모른다는 착각

연애가 지속되지 못하고 흔들리는 또 다른 이유가 있다면 그것은 바로 더 나은 상대에 대한 미련 때문이다.

"내가 원하는 사람은 사랑하고 존경하고 남성적인 매력을 느낄 수 있는 사람이라고 말하곤 했어. 하지만 그건 슬롯머신에서 딸기 세 개를 나란히 세우는 것보다 더 어렵지. 딸기 하나를 붙들어놓고 또 하나를 세우려고 하면 먼저 것은 이미 달아나버리고 없지."

줄리언 반스의 소설 『내 말 좀 들어봐』에서 여주인공인 질리언이 하는 말이다. 너무도 공감이 가는 말이라 슬며시 웃음이 나오지 않는가? 책에서 이 구절을 읽었을 때 혼자서 소리 내어 웃음을 터뜨렸던 기억이 난다.

너무 잘난 남자 혹은 여자를 만나려고 찾아 헤매지 말라는 건

데, 정말 맞는 말이다. 실제로 자신이 원하는 완벽한 이상형을 만나기란 슬롯머신에서 대박이 터지는 것만큼이나 확률적으로 승산이 없다. 문제는 그걸 모르지 않으면서도 줄기차게 자신이 원하는 '이상형'을 찾아 헤매는 사람들이 있다는 것이다.

그러는 가장 큰 이유 중 하나는 자신에 대한 환상 때문이다. 난 그 정도에 만족해서는 안 되는 사람이라는 환상이 문제다. 강유리 씨의 비극이 그 전형적인 예다.

연애도 패턴이 있다

⋮

유리 씨는 연애가 깨지고 났을 때야 비로소 자신이 정말 좋은 남자를 잃었다는 사실을 깨달았다. 그 사실은 유리 씨 자신이 미처 예상하지 못했다는 점에서 그녀에게 더욱 큰 충격과 상실감을 안겨주었다.

"언제나 그 사람보다 훨씬 멋진 남자가 나타날 거라고 믿었어요. 그 사람은 같은 회사에 근무하는 데다 날 좋아한다니까 그냥 만나는 거라고 생각했거든요. 왜 그런 거 있잖아요. 결국 연애는 가장 가까이에 있는 사람과 엮일 수밖에 없다는, 사랑의 근거리 법칙 말이에요. 전 그 얘기가 싫었거든요. 만약 그런 거라면 연애에 드라마틱한 모험도 없단 건데. 그게 어떻게 진짜 연애일 수가 있겠어요. 아무튼 그 사람을 만나는 동안 전 진심으로 그렇게 믿고 있었답니다."

유리 씨는 상실감에서 오는 쓸쓸함을 어쩌지 못한 채 그렇게 이야기를 시작했다. 남자를 만나는 동안 그녀는 '임시로 만나는 것뿐이야'라고 자신에게 속삭였다.

유리 씨는 화려한 성격답게 연애도 결혼도 극적이고 화려하기를 바랐다. 특히 결혼은 다른 이들의 부러움을 받으며 조건이 맞는 멋진 남자와 근사하게 하고 싶었다. 그런데 '임시로' 만나는 그 남자는 그녀가 생각하는 조건의 반도 갖추고 있지 못했다.

"외모도 보통, 스펙도 보통인 남자와 끝까지 간다면 결국 내 인생도 보통으로 쭉 이어져야 한다는 얘기잖아요. 솔직히 그러기에는 내가 너무 아깝다는 생각이 들었죠. 그런데 그 남자를 어떻게 받아들일 수 있겠어요?"

유리 씨는 왜 그가 자신의 완벽한 짝이 될 수 없었는지를 이야기했다.

"물론 그때는 사랑 같은 건 별로 중요하지 않았어요. 그보다 중요한 게 많았으니까요."

애초부터 유리 씨는 남자의 좋은 면은 보려고 하지 않았다. 언제나 자기 마음에 안 드는 부분만 확대 해석해서 바라봤다. 그것도 의도적으로 말이다. 심지어 친구들을 만날 때 남자를 데려가서 흠을 보거나 창피를 주기도 했다. 키가 작다거나, 외모가 평범해서 함께 다니면 사람들 눈에 띄지 않는 게 장점이라면 장점이라느니 하는 식이었다.

그는 유리 씨가 뾰족하게 굴고 상처를 주어도 자신만은 그녀를 존중하려고 애썼다. 하지만 유리 씨는 남자가 조금이라도 더 마음을 열고 감정적으로 다가오려고 하면 재빨리 그것을 차단했다. 더불어 자기 마음도 단속했다. 어차피 그럭저럭 만나다 말 상대였으니까. 그녀는 혹시라도 남자에게 자신의 마음이 기울지 못하도록 주의하고 또 주의했다.

유리 씨의 시큰둥한 연애도 마침내 끝나는 순간이 왔다. 남자에게 다른 여자가 생긴 것이다. 물론 그가 의도한 것은 아니었다. 그의 지지부진한 연애 스토리를 알고 있던 친구가 다른 여자를 소개해주었을 뿐.

"너 그 잘난 유리 씨한테 수모당하는 거 더는 못 보겠다. 나 같으면 그런 여자 진즉에 차버리고 두 번 다시 안 봤을 거야. 내가 보기엔 유리 씨보다 네가 백 배는 더 아깝단 말이야."

친구는 그렇게 윽박지르며 반강제로 소개팅 자리를 마련했다. 남자는 그 자리에서 만난 여자한테서 따뜻한 관심과 애정 어린 격려를 느꼈다. 유리 씨한테서는 꿈도 꿀 수 없는 일이었다. 마침내 그는 자신의 마음을 받아주는 진정한 상대를 만난 것이다.

얼마 뒤 남자는 유리 씨에게 이별을 통고했다. 그의 성품대로 진솔하고 담담하게 자기 생각을 털어놓았다. 유리 씨는 그때까지도 남자의 마음을 하찮게 여기고 있었다.

"뭐, 우리가 언제 진짜 연애라도 했니? 넌 어땠을지 몰라도 난 아냐. 네가 헤어지느니, 어쩌느니 하면서 마음의 부담을 느끼는 게 더 웃겨."

그녀는 헤어지자는 남자의 말에 아무렇지도 않게 대꾸하고는 칼같이 돌아섰다. 아무런 미련도 보이지 않았다. 남자는 마지막까지 그런 태도를 보이는 유리 씨에게 다시 한 번 절망을 느꼈다. 하지만 더는 상처받지 않았다. 그에겐 새로운 사랑에 대한 기대와 희망이 있었으니까.

오히려 상처 입고 절망한 사람은 유리 씨였다. 그녀는 남자가 떠나간 다음에야 그가 자기 마음에 큰 자리를 차지하고 있었다는 걸 비로소 깨달았다. 좋은 성품을 가진 남자였다는 사실도 그가 떠난 다음에야 절실히 실감했다. 그리고 유리 씨는 두 번 다시 그보다 더 나은 남자를 만나지 못할 거라는 생각에 눈물짓지 않을 수 없었다.

불안의 인질이 되지 마라

⋮

지금 만나는 사람보다 더 나은 상대가 있을지도 모른다는 환상을 품고 있는 한 그 연애는 잘될 리가 없다. 그리고 그런 사람들이 방황하는 진짜 이유는 따로 있다. 무의식 속에서 그들은 자신을 믿지 못하는 것이다. 자신을 믿지 못하니 자신이 선택한 사람에 대해서도 확신을 갖지 못한다.

그와 같은 두려움과 불안 때문에 그들은 계속해서 더 나은 상대를 찾아 헤맨다. 그러면서 자신이 지지리도 이성에 대한 운이 없다고 불평한다. 진짜 문제는 자기 자신에게 있다는 것을 모르면서. 이러한 진실을 깨닫기 전에는 방황이 계속될 수밖에 없다.

까칠한 남자가
더 매력적인
이유

인간에겐 '행복의 속절없음'에 대한 두려움이 있다. 그래서 잠깐의 행복 속에서 그 두려움을 맛보느니 차라리 약간의 불운 속에서 싸구려 감상에 빠지는 쪽을 택하는지도 모른다. 그 덕분에 우리 주변에는 늘 멜로드라마가 넘쳐난다. 실제로 적지 않은 사람들이 상처받아도 좋으니 한 번쯤은 자극적인 사랑, 다른 말로 하면 좀 더 열렬한 사랑, 좀 더 가슴 뛰는 사랑, 좀 더 미치는 사랑을 해보고 싶다고 소망한다. 그것도 소설이나 영화에 나오는 것처럼 매우 드라마틱하게.

물론 인간은 누구나 마음 한구석에 위험을 감수해보고 싶은 욕구를 지니고 있다. 우리가 금지된 사랑의 스릴을 맛보고 싶어 하는 것도 그런 욕구와 무관하지 않다. 그런 타입의 여자 중에는 이

른바 '나쁜 남자' 캐릭터에 끌리는 사람이 많다. 장은실 씨가 바로
그런 케이스였다.

드라마틱한 사랑이라는 착각
:

성공한 커리어 우먼인 그녀는 이상하게 남자 관계만은 늘 실패의
연속이었다. 그녀는 자주 그런 자신을 한탄했다. 하지만 그녀의
이야기를 들어보면 다 그럴 만한 이유가 있었다.

그녀는 삼십 대 중반인 지금까지 몇 번의 연애를 했는데 만나는
남자들의 유형이 다 비슷했다. 남자들은 이기적이고 못돼 먹고 바
람까지 피우면서도 오히려 은실 씨 앞에서 당당하게 구는 점까지
닮아 있었다. 그중에는 돈을 요구하는 남자도 있어서 은실 씨의
재정 상태를 엉망으로 만들기도 했다. 그녀의 연애사를 아는 사람
들은 그런 남자들과 만나지 말라고 만류했다. 하지만 은실 씨의
귀에는 그런 간곡한 이야기가 들리지 않았다. 여전히 비슷한 캐릭
터의 나쁜 남자에게 끌리곤 했던 것이다.

은실 씨와 같은 타입은 반듯하고 성실한 남자들을 잘 참아내지
못한다. 재미가 없기 때문이다. 실제로 착하고 성실한 남자들은
작은 일에도 쉽게 만족한다. 매사에 긍정적이며 사랑하는 여자를
위해서라면 웬만한 건 양보할 준비가 되어 있다. 그 대신 극적인
긴장감이나 재미까지 기대하기는 어렵다. 결국 나쁜 남자 캐릭터
에 끌리는 여자에게는 흥미의 대상이 되기 어려운 것이다.

그런 여자들일수록 그 무엇에도 쉽게 만족하지 못하는 남자, 거칠고 파괴적이며 이기심으로 가득 찬 남자에게 더 강하게 이끌린다. 단 하루도 편안함을 주지 못하고 늘 다른 여자가 있으며 그래서 더 미칠 듯한 집착을 불러일으키는 남자라야 비로소 사랑을 느낀다.

그와 같은 타입은 대부분 자기 파괴적이고 열등감이 심한 경우가 많다. 그러다 보니 밝고 희망적인 것에는 자기도 모르게 거부감을 가진다. '성실하고 반듯하게 나만을 사랑해주는 남자라니 나더러 그 지루함을 참으란 말인가'라고 생각한다. 그러면서 자신이 매우 드라마틱하고 열정적인 인생을 살아간다고 착각한다.

어긋난 이끌림

:

성실한 남자들 역시 '나쁜 여자' 캐릭터에 끌리는 경우가 많다. 그들 역시 비슷한 이유로 착하고 배려할 줄 알고 자신만을 사랑해주는 여자보다는 히스테리가 심하고 이기적이며 제멋대로인 여자한테 더 자주 반하곤 한다.

그런 어긋난 이끌림은 우리의 '그림자 본능'과 무관하지 않다. 여기서 그림자란 융의 정신의학 이론에 나오는 말로, 우리 무의식에 자리 잡고 있는 어두운 본성을 의미한다. 성실하고 사회규범을 잘 지키는 남자일수록 내면에는 충동과 일탈에 대한 강한 호기심과 갈망, 즉 그림자 본능이 있기 마련이다. 그리고 나쁜 여자 캐릭터에 매혹되는 순간 그들은 자신의 호기심과 갈망이 채워지는 경험을 한다.

그런 관계는 대부분 혼란과 괴로움을 가져오고 결국에는 비참하게 끝난다. 바로 그 순간 찾아드는 극적인 감정의 고양 상태가 문제다. 그와 같은 상태에 몰입하다 보면 스스로 열정적인 사랑을 하고 있다는 착각에 빠지는 것이다.

물론 어긋난 이끌림에는 그림자 본능 외에도 그 사람의 타고난 기질이나 성격, 성장 환경, 과거의 특정한 경험 등 복합적인 원인이 작용한다. 나에게 없는 면을 가진 사람에게 끌리게 되는 기본적인 보상심리도 영향을 미친다.

하지만 가장 큰 문제 중 하나는 역시 '행복의 속절없음'에 대한 두려움이 아닌가 한다. 그것이 한 사람의 기질과 무의식에 영향을 미쳐서 자신도 모르게 비극적인 경험에 몰두하게 하는 건 아닐까.

어느 유럽 작가의 말처럼 '불행에 대한 사라질 줄 모르는 허영심'이 문제다. 파괴적인 사랑을 갈망하는 이들에게 꼭 필요한 것은 바로 그런 허영심을 깨부수는 용기다. 그 용기를 가진 사람만이 파괴적이고 비참한 연애에서 벗어나는 길을 찾을 수 있을 테니까.

나는
나를
사랑해줄
의무가 있다

꼭 나쁜 남자에게 끌리는 것만이 파괴적인 연애는 아니다. 처음부터 매번 불행한 연애에 스스로 뛰어드는 경우, 문제는 더 심각하다. 서주연 씨의 경우가 그랬다. 그녀야말로 '극적인 긴장감과 고통을 맛보고 싶어서 늘 비련의 주인공이 되기 원하는' 전형적인 타입이었다. 물론 그것을 스스로 의식한 것은 아니다. '난 왜 늘 이 모양인가' 하고 고민하면서 괴로워하다가 결국 상담을 받기에 이른 것을 보면.

주연 씨는 몸매도 늘씬한 데다 외모도 화사하고 세련되었다. 거리를 걸으면 남자들이 '반드시 뒤돌아보는 여자'에 속하는 보기 드문 미모의 소유자였다. 그런데도 그녀는 늘 불행했다. 언제나 남자 문제가 원인이었다. 그녀는 '남자 때문에' 여러 번 직장을 옮

겨 다니곤 했다. 그나마 미모 덕분에 쉽게 직장을 구할 수 있는 것이 불행 중 다행이라면 다행이었다.

그녀는 가는 곳마다 스캔들을 일으켜 한 직장에 오래 다니지 못했는데, 결혼한 상사나 동료들과 문제를 만드는 것이 그 이유였다. 오죽하면 친구들에게 "넌 유부남 중독증이야!"라는 말까지 듣고 있었다. 그런데도 주연 씨는 그 버릇을 버리지 못했다. 결혼한 남자와의 교제는 시작부터 불행을 예고하기 마련인데도 그녀는 늘 그 연애에 모든 것을 걸곤 했다. 결국 매번 연애에서 깊은 상처를 입는 것은 주연 씨였다.

"당신은 날 사랑하지 않는 거야. 실컷 이용만 하고 씹던 껌처럼 뱉어낼 거면서 잘해주는 척하지 마. 당신도 딴 남자들하고 다를 거 하나 없어. 당신도 결국 싫증 나면 와이프한테 돌아갈 거 다 안다고!"

그녀는 남자를 만날 때마다 늘 이와 같은 대사를 읊곤 했다. 반대로 눈물로 읍소하면서 사랑을 애원할 때도 있었다.

"나한텐 오직 당신뿐이에요. 당신이 아니면 난 살아갈 희망도 가치도 없는 여자예요. 그러니 날 버리지 말아요. 버리지만 않는다면 뭐든지 할게요."

혹시라도 남자가 떠날 기미를 보인다 싶으면 그 신경증은 더욱 증폭되었다. 매우 교묘한 방법을 동원해 남자를 곁에 붙잡아둘 때도 있었다. 자살하겠다는 협박을 실천에 옮기기도 했다. 그렇게 그녀는 비련의 여주인공 역할에 몰두하곤 했다.

남자들은 대부분 몇 달만 지나면 주연 씨한테서 멀어져갔다. 처음에는 주연 씨의 미모에 반해서 온갖 방법을 동원해 작업을 걸던 남자들이었다. 그중에는 그녀와 함께할 수만 있다면 가정이고 뭐고 다 팽개칠 각오가 되어 있다는 남자도 있었다. 하지만 그들도 주연 씨의 불안정한 정서와 연극적인 태도, 마치 일부러 그러는 것처럼 보이는 파괴적인 행동에 두려움을 느꼈다. 결국 그들은 그녀 곁을 떠나고야 말았다.

그런 일이 한두 번이 아니었다. 그녀는 많은 남자와 늘 똑같은 과정을 거쳤다. 그래서일까. 이별은 엄청난 공허함과 공포로 다가왔고 결국 그 감정을 이기지 못해 그녀는 또 다른 상대를 찾아 나서곤 했다.

사실 그녀에게는 자기 자신도 모르는 한 가지 원칙이 있었다. 앞서 지현 씨의 경우처럼 이루어질 가능성이 있는 연애는 무의식적으로 교묘하게 피해가는 것이었다.

상처에 중독된 사람들

앞서 등장한 지현 씨가 버림받는 것에 대한 두려움 때문에 남자를 먼저 차버리곤 했다면 주연 씨는 단지 비극의 여주인공으로 살아가는 데서 삶의 동기를 찾았다. 비극적인 사랑이라는 허상을 만들어놓고 자신이 견뎌야 할 삶의 공허함을 그것으로 메워오고 있었던 것이다.

그녀는 희망 없는 연애가 시작되는 순간의 '감미로운 슬픔'에 자신도 모르게 매료되어 있었다. 그것이야말로 삶의 공허함을 치료하는 신비한 비약과도 같았다. 그리고 이어지는 비탄과 절망, 그로부터 방울방울 흘러내리는 독즙 역시 마찬가지 효능을 지니고 있었다. 그러니 중독 증상을 나타낼 수밖에 없었는지도 모른다.

상담이 진행되는 동안 주연 씨는 좀처럼 그런 사실을 받아들이려고 하지 않았다. 다만 '어째서 난 늘 이 모양인가' '왜 나만 불행한 사랑에 빠져 고통을 당해야 하는가'라고 한탄할 뿐이었다. 시간이 지나면서 그녀는 자신의 행동이 어느 정도는 삶의 공허함과 갈망을 채우기 위한 것이었음을 인정했다. 하지만 그러한 행위들이 사랑과는 별 상관없는 것임을 받아들이지는 못했다. "선생님, 이토록 불행하고 고통스러운데 이게 사랑이 아니면 도대체 무엇인가요?"라고 진지하게 묻곤 했다.

주연 씨는 자신이 진정한 사랑에 대해 알고 있지 못하다는 사실을 인정하지 않았다. 스스로 만들어낸 허구에 가까운 비극적인 감정을 사랑으로 착각하고 심지어 그것에서 쾌감을 느끼고 있다는 사실은 더더욱 받아들이지 않았다.

상담 초기에 그런 사실을 지적하자 주연 씨는 화를 냈다. 하지만 시간이 지나면서 차츰 그 사실을 이해하기 시작했다. 상대방은 자기가 대본을 쓴 극적인 드라마에 등장한 배우에 지나지 않는다는 점도 인정했다. 그리고 자신의 욕구에 맞추어 스스로 비극을 이끌어갔다는 사실도 이해했다.

오래된 묵은 감정의 찌꺼기를 털어내는 방법
:

주연 씨가 그렇게 된 데는 마음 아픈 과거가 큰 영향을 미쳤다. 스무살 무렵 그녀는 성폭행을 당한 경험이 있었다. 같은 동네에서 알고 지내던 대학생 오빠가 그녀를 허름한 창고 같은 데 감금해놓고 저지른 일이었다. 그녀는 아무에게도 그 사실을 알리지 않은 채 어른으로 성장했다. 그녀는 자신의 인생이 이미 망가졌다고 생각했다. 사랑받을 자격도 없다고 여겼다. 그녀의 내면에는 해결되지 않은 분노가 억눌려 있었던 것이다.

그런 분노와 상처는 그녀를 자기 파괴적인 사람으로 만들기에 충분했다. 더 안타까운 것은 그녀가 기질적으로도 어둡고 우울한 쪽에 기우는 타입이라는 점이었다. 그러다 보니 상황이 불행하고 비극적일 때 오히려 안도감을 느끼는 지경이 되고 말았다.

그녀는 과거의 불운한 경험을 무의식 속에 꽁꽁 밀어 넣은 채 꺼내보려 하지 않았다. 상담 치료를 받기 전까지는 그런 경험이 문제의 원인이라고 생각하지 못했다. 분노 때문에 자신이 더욱 파괴적인 사람이 되어간다는 사실도 알지 못했다. 그저 비극적인 연애를 되풀이하며 자신을 더욱 불행의 나락으로 밀어 넣고 있었을 뿐이다.

다행히 주연 씨는 긴 방황 끝에 자신의 민낯, 즉 자아와 마주 함으로써 그 불행에서 빠져 나올 수 있었다.

사실 여자들은 가끔 화장을 지운 자신의 민낯이 낯설게 느껴질 때가 있다. 매일 보는 얼굴도 그럴진대, 마음의 민낯을 보는 일은 얼마나 어려울 것인가. 하지만 엉킨 실타래처럼 마음이 복잡할 때, 오래된 외투처럼 묵은 감정의 찌꺼기를 털어내고 싶을 때는 반드시 마음의 민낯을 들여다볼 필요가 있다. 그것이 바로 자신을 파괴하는 상처 중독에서 벗어나는 길이며 관계 중독에서 헤어나는 길이기에.

사랑을
시험하는
사람들의
심리

이번에는 임상 사례 가운데 가장 극적인 경우를 소개하고자 한다. 김진기 씨는 대학 시절 4년 동안을 여자친구와 함께했다. 가난한 대학생이었던 그와 달리 여자친구는 똑똑하고 미모도 뛰어나고 집안도 좋았다. 주변에서는 얼마든지 근사한 남자를 만날 수 있다고 했지만 그녀는 한결같이 남자친구를 사랑했다.

물론 진기 씨도 그녀를 사랑했다. 지난 4년 동안 여자친구에 대한 사랑이 더욱 커졌다. 하지만 여자친구에 대한 사랑이 커질수록 진기 씨는 그녀가 자신을 떠날지도 모른다는 불안과 두려움을 느꼈다. 그것은 거의 공포에 가까웠다. 결국 진기 씨의 심리기제가 일종의 '반동형성'으로 나타나기 시작했다. 자신의 진짜 마음과 정반대인 행동을 하기에 이른 것이다.

진기 씨는 여자친구를 괴롭히고 학대하기 시작했다. 친구들 앞에서 잔인한 말과 모욕도 서슴지 않았다. 친구들과 술을 있는 대로 퍼마시고 그녀를 불러내서 돈을 내게 했다. 그녀를 벤치에 앉혀놓고 거들떠보지도 않은 채 농구를 한 적도 있었다. 세 시간 동안 조용히 앉아 기다린 여자친구에게 "넌 여자가 자존심도 없냐?"라고 쏘아붙이고는 친구들과 술집으로 몰려가버렸다.

그녀는 절절한 연민으로 남자친구의 잔혹함을 이겨내고 있었다. 그가 왜 그러는지 이해할 수 있을 정도로 그를 사랑했던 것이다. 그들의 이상한 연애는 그렇게 4년간 이어졌다. 진기 씨는 그동안 수없이 같은 말을 내뱉었다.

"너 같은 거 필요 없으니까, 내 눈앞에서 사라져!"

하지만 여자친구를 울린 날이면 진기 씨는 처절하게 마음을 졸이며 밤을 새워야 했다. 이번에는 정말로 그녀가 떠나갈지도 모른다는 두려움 때문이었다. 그러면서도 막상 다시 얼굴을 대하면 똑같이 빈정거리며 상처를 입혔다.

졸업이 얼마 남지 않았던 겨울, 친구의 원룸에서 결정적 사건이 일어났다. 또다시 심하게 술에 취한 진기 씨는 친구가 보는 앞에서 그녀에게 옷을 벗으라고 소리를 질렀다. 친구 역시 취해 있었지만 진기 씨의 행동에 정신이 번쩍 들었다.

"야야, 너 미쳤냐? 제수씨, 이 친구가 너무 마셨나 봐요. 그냥 두고 어서 가세요."

친구는 하얗게 질린 그녀를 떠밀 듯 집 밖으로 내보냈다.

그 일이 있고 나서 일주일 뒤 그녀는 스스로 목숨을 끊었다. 먼

훗날 전해들은 친구의 표현에 의하면, 그날 집 밖으로 나서는 그녀의 얼굴이 어쩌나 섬뜩하던지 등줄기가 서늘했다고 한다.

진기 씨는 그때 깨달았다. 유서 한 장 남기지 않았지만 그녀는 온몸으로 그에게 유서를 쓴 것이나 마찬가지라는 사실을.

결국 진기 씨는 자신의 인생을 증오하고 절망하기 시작했다. 자기 속에 악마가 있는 것 같다고 했다. 그보다 더 견딜 수 없는 것은 그녀가 죽음을 택함으로써 자신을 거부하고 버렸다는 사실이라고 했다.

사랑을 시험하게 만드는 3가지 심리

⋮

진기 씨의 사례는 너무 극단적이어서 흔히 볼 수 있는 경우는 아니다. 하지만 거부당하고 버려지는 것이 너무 두려워서 오히려 연인을 난폭하게 지배하려고 하는 행위는 생각보다 자주 일어난다. 그중에서 가장 흔한 케이스가 사랑을 시험해보는 것이다.

"나 얼마나 사랑해?"라고 묻는 귀여운 애교에서, 연인을 극단적인 상황으로 몰아넣고 어떻게 행동하는지 지켜보는 것까지 모두 그런 시험에 포함된다. 대부분은 무의식적인 행동이므로 자신이 지금 연인을 시험하고 있다는 사실을 잘 모른다. 설사 안다고 해도 왜 그런 행동을 하는지 그 이유까지 알지는 못한다. 그 이유는 다음과 같다.

첫 번째는 역시 불안과 두려움이다. 앞에서 이미 언급했듯이 사랑하는 사람을 소유하고 싶은 열망이 클수록 불안과 두려움도 커질 수밖에 없다.

두 번째는 의존성이다. 이 의존성은 두 부류의 패턴을 보인다. 희생자 모드를 가동하는 사람이 있는가 하면 정반대로 상대를 시험하고 괴롭히는 사람으로 나뉜다. "내가 이렇게 괴롭히는데도 참아준다면 넌 날 사랑하는 게 분명해. 그러니 얼마나 참는지 내가 두고 볼 거야" 하는 식이다. 이는 평생 내가 어떻게 하든 날 떠나지 않을 사람을 찾으려는 것으로 보인다. 그러나 세상에 그런 사람은 없다.

세 번째는 조종의 욕구다. 이런 사람은 상대를 시험하고 괴롭히면서 자신이 원하는 대로 조종하고 싶은 욕구를 충족시키려고 한다. 인간은 무의식적으로 타인에 대한 분노와 피해의식을 갖고 있을 때 상대방을 자기 뜻대로 움직여보고 싶은 욕구에 더 쉽게 굴복한다.

대개는 이 세 가지 문제가 복합적으로 작용해 사랑을 파국으로 몰아간다. 자기 자신은 말할 것도 없고 상대까지 파괴하는 것이다. 그들이 진짜로 바라는 것은 단 하나다. 자기가 무슨 짓을 해도 상대방이 떠나지 않는 것. 하지만 그런 일은 결코 일어나지 않는다.

솔직하게
행동하기,
제대로
표현하기

회사원 정수진 씨는 동갑내기 남자친구와 1년 넘게 사귀고 있었다. 심하게 싸운 적을 꼽기 힘들 정도로 무난한 연애였지만, 그렇다고 적극적인 애정 표현도 없는 사이였다. 두 사람 모두 감정 표현을 잘 하지 않는 성격인 탓이었다.

"다른 사람한테 먼저 전화 안 하는 사람이 있잖아요. 제가 그래요. 만나자는 연락도 주로 남자친구가 먼저 하고요. 그래도 남자친구를 좋아하는 건 맞아요. 친구들이 남친 얘기 좀 그만하라고 할 정도니까요."

하지만 둘 다 소극적인 성격이다 보니 도무지 관계에 진척이 없었다. 1년이 지나도록 정말 손만 잡고 다닌 게 다였다. 수진 씨는 '마음의 거리를 포함해서' 늘 그 자리에서만 맴돈 것 같다고 했다.

오랜 시간 이런 고민을 하던 수진 씨가 갑자기 돌발행동을 했다. 느닷없이 남자친구에게 '그만 끝내자'라는 문자메시지를 보낸 것이다.

다음 날 아침 남자친구에게서 전화가 왔다.

"회사에는 외근한다고 하고 나왔어. 나 너희 집 앞이니까 잠깐 좀 나와."

밤새 한숨도 못 잔 얼굴을 한 남자친구와 이야기하면서 수진 씨는 몹시 미안한 마음이 들었다. 하지만 헤어지고 싶은 마음을 바꾸지는 않았다. 더 이상 가까워지지도 멀어지지도 않는 관계가 그녀를 지치게 했던 것이다.

또 다른 커플인 민성 씨와 여자친구는 장거리 커플이었다. 처음엔 같은 지역에서 만나는 사이였지만 민성 씨의 지방 발령으로 둘은 일주일에 한 번 서로의 집을 오가면서 데이트를 했다. 처음에는 장거리 연애가 둘의 사이를 애틋하게 하는 요소 같았다.

하지만 6개월이 넘어가자 자신들의 연애가 답답하게 느껴지기 시작했다. 문자나 전화도 제시간을 지키지 못할 때가 많았고, 데이트 약속을 잡는 것도 쉽지 않았다. 결국 한 달이 지나도록 만나지 못하는 날이 점점 늘어났다. 그렇게 두 사람은 서로에게 지쳐갔다.

하지만 서로 솔직하게 자기 사정을 털어놓기도 쉽지 않았다. 얼굴을 마주 보고 이야기할 기회가 적은 데다 두 사람 모두 애정 표현을 적극적으로 하는 타입이 아니었기에. 결국 두 사람은 서로의 의도와는 달리 표류하는 배처럼 멀어지고 있었다.

나의 진짜 모습을 드러낸다는 것

:

일반적으로 연애를 할 때는 솔직한 모습을 보이기가 쉽지 않다. 상대방에게 호감을 느껴도 그것을 제대로 표현하지 못하는 경우도 많다. 그래서 수진 씨나 민성 씨 커플처럼 '뜨뜻미지근한' 상태를 이어가다가 별 이유도 없이 헤어지고 만다. 요즘 '썸'만 타다 끝나는 커플이 많은 것도 솔직하지 못한 탓인지도 모른다.

왜 그럴까? 그 이유를 알고 싶다면 '지금까지 내가 어떤 방식으로 살아왔는가'를 살펴봐야 한다. 여기에는 내가 살아온 환경, 어린 시절, 부모와의 관계, 친구와의 관계 등이 포함된다.

그러한 환경과 관계 속에서 우리는 어떤 이유로든 크고 작은 상처를 받는다. 더는 상처받고 싶지 않다는 생각이 솔직함에 제동을 거는 것이다. 나에게 상처를 줄 것 같은 대상이 그렇게 하지 못하도록, 말하자면 무의식적으로 '수비'를 하는 셈이다. 이것을 심리학에서는 '방어기제'라고 한다. 특히 과거에 사람에게 받았던 상처가 컸거나 그 일이 머릿속에 박혀 있으면 이 '수비군단'은 더 강력한 힘을 발휘한다.

누군가에게 내 진짜 모습을 드러낸다는 건 상대에게 많은 것을 허락한다는 뜻이다. 그만큼 내 삶에서 상대방이 차지하는 자리가 크다는 뜻이기도 하다. 그런 사람이 나를 배신했다고 생각해보라. 상상 이상으로 힘들고 아플 것이다. 따라서 이 수비군단은 내가 의도하지 않더라도 내 마음속에서 스스로 힘을 발휘해 무의식적으로 상대에 대한 호감을 숨긴다. 의도적으로 그 사람이 내 삶에서 크지 않은 위상을 갖도록 하는 것이다. 이러한 현상을 극복하려면 어떻게 해야 할까?

방어기제 내려놓기
:

방어기제를 내려놓기 위해서는 첫 번째로 내 마음을 잘 들여다봐야 한다. 예전에 받았던 상처가 어떤 것인지, 그 대상이 누구였는지, 그때 내가 받았던 느낌은 어땠는지 등을 구체적으로 떠올려야 한다. 그리고 그 모든 것이 이미 다 지나간 일임을 직시해야 한다.

두 번째는 현재 내가 호감을 느끼는 상대방에게 집중해야 한다. 그가 과거에 내가 만났던, 나에게 상처를 주었던 사람들과는 완전히 다른 새로운 사람이라는 사실을 명확히 인지해야 한다.

세 번째는 상처를 받는 것도 나를 진정으로 사랑해주는 사람을 찾기 위한 하나의 과정임을 기억해야 한다. 그러다 보면 반드시 있는 그대로의 내 모습을 받아들이는 누군가를 만날 수 있다.

일반적으로 솔직하지 못한 연애에는 심각한 부작용이 따른다. 바로 '후회'다. 만약 그 사람이 나의 솔직하지 못한 태도에 지쳐서 떠나갔다면 그는 결국 내가 가진 여러 좋은 면을 보지 못한 채로 떠나간 셈이다. 내 자존심과 두려움이 좋은 모습을 보여줄 기회를 날려버린 것이다.

그뿐이 아니다. 아이러니하게도 솔직하지 못할수록 연애는 지금의 내 생활에서 더 큰 부분을 차지하게 된다. '문자를 보내야 하나 말아야 하나' '약속 장소를 어디로 정해야 하나' 등 작은 일에 연연하게 된다. 이럴까 저럴까 재는 순간이 늘어날수록 신경은 예민해지고 아무것도 아닌 작은 일들에 매달려 정작 중요한 것을 놓치고 만다.

불편함도 커진다. 스스로 솔직하지 못하면 언제 어디서나 자신의 행동을 끊임없이 의식해야 한다. 자신의 행동을 일일이 의식하는 것만큼 불편하고 피곤한 일도 없다. 상대방 역시 나의 이런 민감한 태도에 뭔지 모를 불편함을 느낀다.

행복해지려고 연애를 시작했는데 불편하고 짜증나는 상황만 벌어진다면, 상대는 곧 내게 흥미를 잃기 쉽다. 결국 그는 이별을 고하고 다시 홀로 남은 나는 슬퍼하며 후회할 것이다.

상대가 아닌 내 감정에 충실하라
:

시간이 지나 상처가 어느 정도 아물었을 때 다시 누군가가 나타날지도 모를 일이다. 그러나 내 무의식 속에는 이미 연애에 한 번 실패했다는 사실이 저장되었고 '연애=날 힘들게 한 어떤 것'이라는 개념이 박혀버리고 말았다면 어떻게 할까? 아마도 그런 것을 부수고 또 다른 누군가를 만나기가 쉽지 않을 것이다. 내가 제대로 된 연애를 하고 싶더라도 무의식이 그렇게 하도록 놔두지 않을 테니까 말이다.

거기서 벗어나려면 첫 번째로 내가 어떤 모습으로 있다고 해도 그걸 충분히 받아들일 수 있는 누군가가 있다는 확신을 가져야 한다. 그다음에는 내 감정에 충실해야 한다. 내가 연락하고 싶을 때 연락하는 자유, 화내고 싶을 때 화내는 솔직함을 자신에게 선사할 용기를 내라. 그럴 수만 있다면 당신은 연애하기에 충분히 좋은 사람이다.

Chapter 4

집착과 의존에서
벗어나면
'진짜 사랑'이 온다

커플 사이에서 끊임없이 문제가 되는 의존과 독립의
문제를 해결하려면 다음의 네 가지 키워드가 반드시
필요하다. 사랑(love), 한계 짓기(limits), 정신적 독립
(let them go), 느슨한 간섭(loose integration)이 바
로 그것이다.

집착하고 싶은 것인가,
사랑하고 싶은 것인가

:

"사랑은 하나뿐인데 그 사본은 여러 가지다"라는 말이 있다. 사랑이 때로 구속이 되는 것은 그것이 진짜가 아니라 사본일 때 발생한다. 다음은 그 전형을 보여주는 어느 여대생의 이야기다.

　그녀는 자신의 인생에서 제대로 이루어진 것이 하나도 없어 죽고 싶다고 생각했다. 부모도 사랑하는 사람도 모두 그녀의 기대를 채워주지 못했다. 부모가 무능력하고 가난해서 처음부터 그녀가 꿈꾸는 생활은 이루어질 수 없었다. 잘난 남자를 만나 신분 상승을 이루고 싶었지만 그러기에는 그녀가 가진 게 너무 없었다.

　결국 평범한 남자를 만나 연애를 시작했는데 그나마 남자는 그녀만큼 열을 올리는 것 같지 않았다. 속이 상한 그녀는 홧김에 선을 봤다. 남자는 마음에 들지 않았지만 객관적인 배경은 훌륭했다. 선 본 남자를 만날 때마다 사랑하는 사람이 생각났고 그 남자가 가진 조건을 애인이 가졌으면 얼마나 좋을까 싶었다. 그녀는 조건에 집착하는 자기 자신이 싫었지만, 날이 갈수록 조건에 대한 집착은 커져만 갔다. 결국 애인을 만나 공연히 화를 내고 분풀이하는 시간이 많아졌고, 원래의 사랑마저 깨어질 위기에 놓이고 말았다.

그녀는 부모에 대한 이루어질 수 없는 기대와 원망, 애인에 대한 비현실적인 기대, 새로운 남자에 대한 집착과 욕심 등에 얽매여 자유로운 선택을 할 수 없었다.

자유로운 사랑을 하기 위해서나 사랑의 구속에서 자유롭기 위해서는 먼저 자기 자신에 대해 알아야 한다.

나 자신을 분석해보기

정신과 의사들도 정신분석 치료를 하기 위해 먼저 스승에게 정신분석을 받는다. 남을 치료하기에 앞서 자기 자신을 파악하는 것이다. 자기 자신을 제대로 알고 있어야 환자의 문제를 굴절된 시각이나 왜곡 없이 객관적으로 판단할 수 있는 까닭이다. 이러한 자기 분석은 3단계로 이루어진다.

첫째는 자기 자신을 되도록 솔직히 열어 보이는 것이다. 둘째는 자기가 가지고 있는 무의식적인 동기를 알고, 그것이 인생과 인간관계에 미치는 영향을 파악하는 것이다. 셋째는 잘못된 것을 고치려고 시도하는 것이다.

물론 이것은 쉬운 일이 아니다. 인간은 아무리 노력해도 마지막까지 자신을 잡고 있는 문제를 지니고 있기 마련이다. 이 문제의 뿌리가 깊을수록 노이로제적인 경향을 띠기 쉽다. 대개 그런 경우 억압된 공포와 적개심, 분노가 커서 그것과 싸우느라 많은 정신적 에너지를 낭비한다.

사람은 무의식적으로 변화에 대한 저항을 갖고 있다. 자기 자신을 열어 보이면서 변화해가는 데 두려움과 불안을 느끼는 것은 당연한 일이다. 하지만 그것이 두려워 자기 자신에 대해 알기를 포기한다면 성숙한 인간관계도 기대할 수 없다.

사랑도 마찬가지다. 자신의 사랑에 대해서도 진지한 성찰이 필요하다. 그것이 진정한 사랑인지, 단지 사본에 불과한 것인지 알기 전에는 자유로운 사랑이 불가능하다. 그리고 자유롭지 못한 사랑은 집착을 불러온다.

세상일이든 사랑이든 집착할수록 제대로 이루어지지 않는 법이다. 여기서 잠깐, 집착과 집념은 다르다는 사실을 알아야 한다. 집념이 어떤 가치에 대한 신념이라면 집착은 강박증에서 비롯된다. 인생에서 전진하기 위해서는 매듭을 푸는 노력이 있어야 한다. 자기가 집착하는 것을 내려놓는 것도 그 한 가지 방법이다.

가장 내 뜻대로
하고 싶은 사람을
도저히 내 뜻대로
할 수 없는 아이러니

사랑하는 두 사람 사이에서 상대방의 욕구를 수용하는 일 못지않게 중요한 것이 상대방의 반항을 인정하는 일이다. 끝없는 갈등으로 괴로워하는 커플들을 보면 대개 그 점에서 합의점을 찾지 못하는 경우가 많다.

인간관계의 크고 작은 갈등은 대부분 상대방이 내 의견을 받아들이지 않고 반대하는 데서 비롯된다. 이것은 부부나 연인 관계뿐 아니라 부모 자식 사이에도 마찬가지다.

일반적으로 부모는 자녀가 무조건 순종하기를 바란다. 말을 잘 듣던 아이들이 슬슬 반항하기 시작하면 그때부터 갈등이 시작된다. 연인 관계도 마찬가지다. 사랑을 처음 시작할 때는 대부분 상대방의 말에 무조건 따르려고 애쓴다. 잘 보이려는 욕구 덕분이다. 그러다가 어느 정도 시간이 흐르면 곧 서로의 의견을 주장하기에 이른다. 이때 상대방이 자기 의견을 받아들여주지 않거나 반대하게 되면 전쟁이 시작된다. 마음이 변했느니, 사랑이 식었느니 하면서.

서로 공생하는 관계라면 모를까, 모든 것이 서로 일치하는 관계란 애초부터 있을 수 없다. 인간은 자기가 태어난 부모의 몸에서조차 독립해 자기의 개체를 찾아가는 존재다.

일례로 아이가 태어나 어느 정도 자라면 부모한테서 여러 가지로 독립을 시도한다. 이런 아이의 모습을 본 부모는 당황스럽다. 지금껏 자기의 일부라고 여겼던 아이들이 제 목소리를 내는 것이 놀라울 뿐이다. 이때 부모가 성숙하고 아이의 정서적 발달을 이해하는 사람이라면 아이들의 독립을 도와준다. 그러나 미처 그럴 준비가 안 되어 있거나 부모 역시 성숙하지 못하다면 아이들의 독립은 지난할 수밖에 없다.

흔히 부모가 아이를 과잉보호하는 것이 사랑이라고 생각하지만, 사실은 아이의 능력을 믿지 못하거나 떠날 것을 두려워해서다. 문제는 이러한 부모의 태도가 아이의 마음속에 무력감과 열등감을 심어준다는 데 있다. 물론 겉보기에는 순종적이고 성실한 사람으로 성장한다. 그러나 마음속에는 늘 억압된 두려움과 자신을 그렇게 만든 부모에 대한 분노가 자리 잡고 있다. 어른이 되어도 자기주장을 내세우지 못하는 조그만 어린아이가 내면에 숨어 있는 탓이다.

이 두려움과 분노는 늘 갈등의 원천이 된다. 그들은 이를 수동적, 소극적, 비생산적 방법으로 표출하곤 한다. 이것이 바로 겉보기에 온순한 사람이 어느 날 갑자기 폭력을 행사하는 이유 중 하나다.

결코 쉽게 변할 수 없는, 본성

:

"지금까지 제 인생 목표는 성실하게 사는 것이었습니다. 어릴 때부터 부모님 말씀도 잘 들었고 교회에도 열심히 다녔으며 대학 다닐 때는 시위도 한 번 하지 않았습니다. 친구들은 그런 절 비웃었지만, 전 나름대로 성실함에서 비켜나가지 않으려고 그랬을 뿐이죠."

30대 초반인 어느 남자의 이야기다. 문제는 술만 마시면 갑자기 성격이 돌변해 너무도 폭력적이 된다는 데 있었다.

"어느 날인가는 아내와 크게 싸웠는데 제가 술김에 아내 목을 졸랐다더군요. 아마도 아내가 사사건건 제 의견에 반대하고 몰아세우기만 하는 데 굉장히 화가 났던 모양입니다."

결국 아내가 이혼하자며 친정으로 가버렸다. 남자는 자신이 너무도 한심해서 병원을 찾아오게 되었다.

그는 어릴 때부터 부모와 주변 사람들의 기대를 저버리지 않으려고 자기 자신을 억압해온 전형적인 사례에 속했다. 자기는 그렇게 모든 것에 순종하며 바르게 살아오려고 애썼는데 아내가 그런 자기에게 반대하니 견딜 수 없는 모욕과 고통을 느낀 것이다.

'본래의 자기 자신'은 어떤 억압으로도 사라지는 것이 아니다. 단지 억눌려 있을 뿐이며 언젠가 소리를 낼 날을 기다리고 있을 뿐이다. 문제는 억압된 시간이 길어질수록 대단히 왜곡된 상태로 그 모습을 드러낸다는 것이다. 술만 취하면 사람이 난폭하게 바뀌는 것도 그런 왜곡된 상태의 한 단면이라고 할 수 있다.

'다름'을 인정하는 용기

사람은 자기의 진짜 모습을 알고 자기 자신과 관계를 잘 맺을 수 있을 때에야 비로소 다른 사람과도 관계를 잘 맺을 수 있다. 자신의 모습이 무력감과 열등감으로 가득 차 있으면 남과의 관계에서도 성공할 수 없다. 이것은 사랑하는 사람 사이에서도 고스란히 적용된다.

앞에서도 언급한 것처럼 사랑이라는 이름으로 상대방을 억압하거나 구속하는 것은 옳지 않다. 그런 억압은 상대방의 무력감과 열등감을 불러일으킬 뿐이다. 그런 무력감이나 열등감 위에 세워진 사랑은 단지 두려움에 대한 집착이나 의존 아니면 그 반작용으로 인한 지배나 굴복이라는 악순환을 낳는다.

상대방이 나와 다른 의견을 내는 것은 그의 정신이 건강하다는 증거다. 그것은 상대방에게 '자기 자신'이 있다는 표현이다. 그러므로 지금부터라도 자식이든 연인이든 배우자이든, 사랑하는 사람이 나와 다른 의견을 내고 때로 반항하더라도 분노를 삭이며, 이를 건강하게 받아들이기 위해 노력하는 것은 어떨까?

인정받고 싶은
남자,
사랑받고 싶은
여자

이현섭 씨는 자타가 인정하는 완벽주의자다. 프로젝트를 받으면 며칠 밤을 새워서 사전조사를 하고, 하나에서 열까지 일의 순서를 정해 촘촘한 리스트를 만든다. 어떤 일이든 한 치의 오차도 없이 실행해나가는 성격이다. 인간관계에서도 최선을 다한다. 지인들의 생일이나 기념일을 리스트로 만들어 전화할 사람, 선물을 보내야 할 사람, 직접 만나야 할 사람을 정리하고 관리한다.

그런 현섭 씨가 연애를 시작했다. 연애 역시 완벽하게 하고 싶었던 그는 데이트 스케줄을 짜고 데이트 장소에 대한 사전 정보를 완벽하게 숙지했다. 심한 경우 미리 답사까지 다녀오기도 했다. 어디서 뭘 먹을지 고민할 필요도 없는 완벽한 데이트를 준비할 뿐 아니라 기념일에는 항상 멋진 이벤트와 선물로 여자친구를 감동시켰다. 털털한 성격의 여자친구는 그런 현섭 씨를 매우 좋아했다.

문제는 현섭 씨가 여자친구 역시 완벽해지기를 바라면서 시작되었다. 자신이 완벽한 연애를 위해 이렇게 노력하고 있으니 여자친구도 그만큼 해주기를 바란 것이다. 하지만 여자친구는 현섭 씨만큼 꼼꼼한 성격이 아니었다. 현섭 씨라면 마땅히 준비했을 만한 것을 잘 챙기지도 않았고, 설령 여자친구가 챙긴다 해도 현섭 씨의 마음에 흡족하지 않았다. 자기는 최선을 다하는데 여자친구는 그렇지 않다는 생각에 어느 때부터인가 화가 나기 시작했다. 나아가 여자친구가 생각보다 똑똑하지 않은 사람일 수도 있다는 생각에 실망했다.

완벽한 그에게 없는 딱 한 가지
:

여자친구 역시 지쳐가고 있었다. 그녀가 조금이라도 소홀하거나 준비가 부족하면 현섭 씨는 화부터 냈다. 데이트를 할 때도 뜻밖의 일로 스케줄에 차질이 생기면 짜증을 내고 그녀를 비난했다. 처음엔 완벽한 줄 알았던 남자친구가 어쩌면 소심하고 융통성 없는 강박증 환자일지도 모른다는 의심이 들었다 그녀는 결국 현섭 씨에게 이별을 통보하고 연락을 끊어버렸다.

현섭 씨는 자신의 표현대로 '거의 꼭지가 돌 지경'이 됐다. 하지만 그는 여자친구가 떠나서 괴로운 게 아니었다. 자신의 계획대로 이별하지 못해서 괴로웠던 것이다. 결국 그는 여자 친구에게 무작정 전화를 걸고 문자를 보냈다. 연락이 닿지 않자 집으로 찾아가기도 했다. 그녀가 스토커로 신고하겠다고 협박해도 개의치 않고 결국은 딱 한 번만 더 만나겠다는 약속을 받아냈다.

그래서 어떻게 되었을까? 현섭 씨는 이별마저 그다운 방식으로 했다. 호텔 레스토랑을 예약해 근사한 저녁식사를 하고, 미리 준비한 이별의 말과 선물을 건네고, 여자를 집까지 데려다주었다. 그렇게 자신이 정한 스케줄을 완벽하게 소화해냈다. 멋지게 돌아서는 현섭 씨의 뒷모습을 보며 여자는 완전히 질려버리고 말았다.

현섭 씨는 누군가에게 인정받거나 사랑받고 싶은 무의식적 욕구가 많은 사람이었다. 그래서 조금이라도 실수를 했다고 느끼거나, 자기가 한 일을 상대가 알아주지 않으면 견디지 못했다. 현섭 씨의 완벽주의에는 '난 언제나 옳고 반듯한 사람'이라는, 혹은 그런 사람이 되어야 한다는 전제가 깔려 있었다. 그런 자신이 사람들에게 인정받고 사랑받는 것은 당연하다고 생각했다. 그러다 보니 자신이 여자친구에게 감동을 주었다면 여자친구 역시 자신에게 똑같은 노력을 기울여야 한다는 기대치를 가질 수밖에 없었다.

그러나 현섭 씨가 꿈꾸는 완벽한 연애는 TV나 영화라면 모를까 현실에서는 존재하지 않는다. 그런데도 현섭 씨는 그 사실을 잘 이해하지 못했다. 현섭 씨에게는 자신이 그 사람을 사랑하느냐는 중요한 게 아니었기 때문이다. 그저 자신이 그 사람에게 얼마나 완벽한 사람이 되느냐 하는 것이 중요할 뿐.

상대를 조종하고 싶은 심리

:

만약 현섭 씨가 자신의 무의식적 욕구를 좀 더 이해할 수 있었다면 상황은 달라졌을지 모른다. 내가 왜 상대방에게 그릇된 요구를 내세우는지, 왜 상대방을 내 방식대로 바꾸려고 하는지 그 이유를 알았더라면 그처럼 공격적이 되지는 않았을 테니까.

현섭 씨와 같은 타입은 대개 세상의 모든 일을 자기만의 흑백논리로 재단하는 경우가 많다. 그들은 사랑하는 사람에게도 자신의 잣대를 정밀하게 들이대곤 한다. 그리고 상대방 역시 자기가 세운 기준에 맞아야 한다고 생각한다. 그렇지 않으면 어떻게 해서든 그 기준에 맞도록 상대방을 변화시키려는 집념을 보인다.

그런 심리를 가리켜 정신과적으로 '무의식적인 조종의 욕구'라고 한다. 이를 좀 더 직접적으로 표현하면 '내 손아귀에 상대방을 쥐고 흔들려는 심리'라고 할 수 있다.

그와 같은 조종 심리에는 여러 가지가 있다. 앞서 이야기한 것처럼 희생자 모드를 가동해 상대방의 죄책감을 불러일으킴으로써 조종하려는 경우도 있고, 교묘한 방법으로 상대방을 억압함으로써 조종의 욕구를 충족시키는 경우도 있다.

대개 의존적이고 집착이 심한 타입일수록 상대방을 내 손안에 넣고 조종하고 싶어 한다. 그래야 자신의 의존성을 만족하게 할 수 있으니까. 열등감도 하나의 원인이다. 내 모자라는 면을 보고 상대방이 떠나갈지도 모른다는 생각에서 비롯된 의심과 불안, 분노의 감정이 조종의 욕구를 더욱 부채질한다.

그릇된 요구 탓이든, 조종 심리 탓이든 인간관계에서 억압과 구속은 늘 가장 나쁜 결과를 가져온다는 것을 알 필요가 있다. 그렇지 않으면 아무리 서로 뜨겁게 시작한 연애라 해도 시들어가는 순간이 반드시 오기 마련이다.

관심과
집착,
그 위험한
줄다리기

박건우 씨는 한때 몹시 의존적인 타입의 여자와 사귀었다. 귀엽고 사랑스러운 여자였지만 끝없이 그에게 기대기만 하는 데 진이 빠지지 않을 수 없었다. 친구에게 자신의 고민을 털어놓는 순간, 친구는 기다렸다는 듯이 흥분해서 말했다.

"안 그래도 너 참 대단하다고 생각하고 있었지. 그런 식으로 매사에 징징거리는 여자를 어떻게 참아내는지 궁금했거든. 그 여자, 혹시 징징대는 여자가 더 사랑받는다고 착각하고 있는 거 아닌가 싶은데?"

친구의 일갈에 건우 씨는 혼란스러웠다. 하지만 이의를 제기할 순 없었다. 친구의 말이 옳았으니까. 친구의 말 때문은 아니지만 건우 씨는 얼마 지나지 않아서 여자와 헤어졌다. 그리고 머지않아 새로운 데이트를 시작했다.

새로운 여자친구는 매우 독립적인 성격에 남자한테 구속되는 것을 싫어했다. 건우 씨도 그녀의 꿋꿋하고 당당한 성격이 낯설어서 처음엔 적응하기가 어려웠다. 더구나 그에겐 옛 여자친구와 사귈 때의 습관이 남아 있었다. 자신도 모르게 자꾸 여자를 챙기려고만 들었던 것이다.

하지만 곧 상대방이 그것을 싫어한다는 걸 알았다. 처음엔 이해도 안 되고 서운한 감정이 앞섰다. 그러다가 문득 자신이 옛 여자친구를 얼마나 지겨워했는지 깨달았다. 정신이 번쩍 든 그는 여자친구의 독립적인 성격을 존중해주기로 결심했다. 그러자 자신도 편하고 홀가분해졌다. 물론 둘 사이의 연애도 잘되어갔다.

개별성과 집합성이 인간관계에 미치는 영향
:

정신의학자 보웬은 개별성과 집합성의 조화가 인간관계에 큰 영향을 미친다고 주장했다. 개별성은 정신적으로 자급자족하고 싶은 욕구를, 집합성은 다른 사람과 접촉을 유지하려는 욕구를 각각 의미한다. 이 두 가지가 균형을 이룰 때 성공적인 인간관계를 유지할 수 있다.

또 다른 사례의 주인공인 장유선 씨는 몇 번의 뼈아픈 실연을 겪은 뒤에야 그것을 깨달았다. 그동안 연애를 할 때마다 그녀는 으레 남자에게 매달리고 집착하는 것을 당연하게 여겼다. 일거수

일투족을 감시하며 모든 상황을 공유하려 했다. 남자가 약속 시간에 조금만 늦어도 화를 내고 어쩌다 집에 바래다주지 못하면 원망하기 일쑤였다.

심지어 남자가 친구들과 어울리는 것도 싫어했다. 그녀는 "날 사랑하면 오로지 나만 바라보고 나만 생각해야지. 난 너만 바라보고 있는데, 넌 나보다 친구들이 더 중요하지?"라고 원망하면서 남자를 힘들게 했다.

연애가 잘될 리 없었다. 남자들이 떠나갈 때마다 유선 씨는 상처받고 좌절했다. 세상이 끝난 것 같을 때도 있었다. 상담을 받기시작한 후 비로소 그녀는 자신의 문제가 무엇인지 알게 되었다.

"제가 그렇게 남자한테 의존하고 매달린 건 제 삶 자체가 불안했기 때문이란 걸 이젠 알겠어요. 자신에 대한 열등감을 그런 식으로 해결하려고 했던 건지도 모르죠. 사실은 제가 일에서도 일상생활에서도 제대로 능력을 발휘하지 못하는 게 문제였어요. 그 상처를 남자친구와의 관계에서 보상받으려고 했나 봐요. 일에서도 성공하지 못하는데 남자친구와의 관계까지 실패하면 전 정말 매력 없는 사람이 되는 거잖아요."

어리광은 이제 그만

:

유선 씨는 자신의 문제를 고치려고 노력했다. 열등감을 느끼는 건어쩔 수 없었지만, 그것 때문에 인생 전체가 나빠지도록 놔둘 순

없었으니까. 그 뒤로 그녀는 일에서든 인간관계에서든 독립적이고 당당하게 살아가려고 애썼다. 상대에게 지나치게 의존하지도 집착하지도 않아야 하는 이유를 잘 이해했기에 가능한 일이었다.

"의존과 집착을 버리고 나니까, 비로소 상대방을 있는 그대로 관찰할 여유도 생기더군요."

유선 씨는 훨씬 가볍고 당당하게 자신의 생각을 피력했다.

"지금 사귀는 남자가 있는데 이제는 그 사람이 일 때문에 약속을 못 지킨다고 하면 그냥 편안하게 받아들여요. 그 사람이 다음 날 있을 프레젠테이션 때문에 일찍 들어가봐야 한다고 해도 선선히 그러라고 하고요. 그 사람 집이 꽤 멀거든요. 암튼 제가 독립적이 되고 나니까 상대방도 그런 절 존중하고 좋아해주더군요."

요즘 유선 씨는 일과 연애에서 모두 성공을 거두며 그 어느 때보다 행복한 나날을 보내고 있다고 한다.

이처럼 스스로 변화한 자신과 마주할 때 비로소 우리는 건강한 사랑을 할 자격을 갖게 된다. 그런 변화는 자신에 대한 사랑 안에서만 가능하다. 자신을 사랑하는 사람만이 다른 사람의 소중함도 아는 법이다. 자신을 비난하고 우습게 보는 사람은 다른 사람에게도 함부로 대하기 마련이다.

다시 한 번 말하지만, 자신을 사랑하지 않고서 다른 사람을 사랑할 수는 없다. 희생자 모드를 멈추고 당당하게 홀로 설 때 다음 사랑도 찾아오고 그 사랑을 완성할 수도 있다.

한때 인기를 끌었던 뽀빠이 만화에서처럼 매번 "도와줘요, 뽀빠이"를 외치는 올리브는 더는 매력적이지 않다.

남자의 미래에 집착하는 여자, 여자의 과거에 집착하는 남자

"인간은 지구상에서 가장 적응력이 뛰어난 존재이면서 가장 불안정하고 예측 불가능한 존재다. 이처럼 불안정성과 불확실성을 안고 사는 인간은 뭔가 변하지 않는 확고한 중심을 찾으려는 소망과 욕망을 지닌다."

노르웨이의 석학 올레 회스타가 자신의 저서 『하트의 역사』에서 한 말이다. 그가 말하는 '변하지 않는 확고한 중심'은 곧 심장이다. 그는 그 심장이 사랑과 정신과 양심이 존재하는 가치 있는 장소로 자리매김하고 있다고 역설한다.

그의 말대로 우리에겐 분명 '변하지 않는 확고한 중심'이 필요하다. 그것을 심장이라고 부르든, 사랑이라고 부르든 상관없다. 나만의 변치 않는 우주가 있어야 한다. 만에 하나 그 우주가 위협을 받으면 어떻게 되나? 아마도 삶 자체가 산산이 조각나는 것처럼 여겨지리라. 그래서 우리에게는 어떤 수고를 치르더라도 그 우주를 지켜내야 할 의무가 있다.

한데 흥미롭게도 우리는 간혹 자기 손으로 그것을 깨부수려고 든다. 그중에서도 가장 최악은 이미 지나가버린 과거 때문에 현재 내가 가진 것들을 송두리째 날려버리려 드는 것이다. 그 대표적인 예가 상대방의 과거를 캐고 들면서 미칠 듯이 괴로워하는 연인들이다.

과거는 더 이상 현실이 아니라 그저 기억일 뿐이다

남보라 씨는 상담을 시작할 때마다 늘 눈물부터 글썽이곤 했다. 무엇보다도 남자친구의 도를 넘는 질투심이 그녀를 괴롭혔다.

문제의 발단은 보라 씨의 과거 때문이었다. 좀 더 정확하게 말하면 보라 씨가 남자친구에게 과거의 남성 편력을 털어놓은 것이 불씨가 되었다.

"얘기하지 않을 수 없었어요. 내 발로 지뢰를 밟고 있는 것 같은 상황이었으니까요. 거기서 꼼짝 않고 있을 수도 없었고, 발을 치울 수도 없었다고요. 결국 견디다 못해 지뢰를 터뜨리는 쪽을 택한 거예요."

진퇴양난의 상황에서 자신의 과거를 털어놓은 보라 씨. 그녀는 지금의 남자친구를 만나기 전 여러 남자와 연애를 했다. 유부남도 있었고, 거의 동거 수준까지 간 남자도 있었다. 보라 씨는 당연히 그 모든 사실을 남자친구에게 알리고 싶지 않았다.

그녀는 지금의 남자친구를 만나면서 태어나 처음으로 진지한 사랑을 느끼고 있었다. 그러다 보니 어느 때는 과거를 다 털어놓고 자기 인생에 대해 진심으로 이해를 바라고 싶다는 마음이 들기도 했다. 다행히 그녀의 이성이 그런 행동을 하지 못하게 막았지만.

그러던 어느 날 문제가 터졌다. 남자친구의 대학 동기 중 보라 씨의 남성 편력을 알고 있는 사람이 있었던 것이다. 그 친구가 갑자기 보라 씨에게 만나자는 연락을 해왔다.

"네가 말할래, 내가 말하게 둘래?"

단둘이 만난 자리에서 그는 일방적으로 보라 씨에게 양자택일을 하라고 요구했다.

"네가 뭔데 나서느냐고 차마 말할 수가 없었어요. 자기 친구는 둘도 없이 반듯하고 성실한 사람인데 너 같은 애랑 엮였다는 게 믿을 수 없다는 둥 막말도 서슴지 않더군요. 더는 두고 볼 수 없다는 거였죠."

보라 씨는 버티지 못하고 남자친구에게 사실을 고백했다. 그가 자신의 과거를 개의치 않고 잡아주기를 빌고 또 빌면서. 그 간절한 기도가 통했는지 남자친구도 처음에는 보라 씨의 과거를 상관하지 않겠다고 했다. 하지만 어느 날 그는 비명을 지르듯 이렇게 말했다.

"난 널 거쳐간 그 모든 남자들한테 질투를 느낀다. 어떡하면 좋을지 모르겠다. 내가 미친놈인 것만 같다."

질투의 희생자 되지 않기

:

질투는 인류의 시작만큼이나 오래된 감정이다. 아담이 늦게 돌아왔을 때 하와는 이미 그의 갈비뼈를 세기 시작했다는 말이 있을 정도니까. 특히 사랑보다 질투의 감정이 더 승할 때는 여러 문제를 일으킨다. 믿음 대신에 불신을, 온화함 대신에 분노를, 안정감 대신에 혼란을 부채질하는 식이다.

흔히 상대방의 사랑을 시험해보려고 하거나 그 사랑의 깊이를 측정해보려고 교묘하게 질투심을 조장하는 타입도 있다. 이것은 진정한 사랑이 아니다. 스탕달의 표현을 빌리자면 단지 '허영 연애'를 하고 있는 것에 불과하다.

물론 약간의 질투는 음식의 양념과 같아서 밋밋한 사랑에 새로운 불꽃을 일으키기도 한다. 그러나 양념이 지나치면 음식 고유의 맛을 망치듯이 상대방을 조종하기 위한 방편으로 질투를 이용하는 경우 사랑 역시 망가지고 말 것이다.

상대에게 질투를 느끼는 것은 자기 사랑에 확신이 없다는 뜻이기도 하다. 언제 사랑을 잃어버릴지도 모른다는 두려움과 불안이 우리를 질투라는 감정으로 내몬다. 때로 질투가 사랑을 파괴하는 가공할 힘으로 작용하는 것도 그런 두려움 탓이다. 상대방의 과거에 대한 불신까지 겹친 경우에는 문제가 클 수밖에 없다. 이미 상대방의 마음에는 색맹이 생겼기에 아무리 너만을 사랑한다고 외쳐도 소용이 없다.

색맹은 인간의 눈에만 있는 질환이 아니다. 마음에도 생겨날 때가 있다. 그리고 마음의 색맹은 웬만해선 치유되기 어렵다. 이때는 아무리 흰색을 희다고 말해도 상대방의 눈에는 검은색으로 보일 뿐이다. 질투의 감정이 불러온 색맹은 그렇게 견고하다.

보라 씨의 남자친구 역시 거의 그 단계에 이르렀다고 할 수 있었다. 보라 씨는 남자친구가 어떻게 나오든 그와 헤어지고 싶지 않다고 했다. 감수할 수 있을 때까지 감수하면서 그와의 사랑을 지키고 싶다고 했다. 그것이 얼마나 힘든 일인지 잘 알지만 꼭 그렇게 하고 싶다는 의지를 보였다.

이탈리아의 정신과 의사 프란체스코 알베로니는 그렇게 해서 둘 사이에 '새로운 역사 만들기가 완성'되려면 한 가지가 전제되어야 한다고 말한다. 두 사람의 사랑이 지금의 사랑으로 다시 태어나야 하며 그 사랑이 새로운 사랑을 낳을 만큼 깊어져 있어야 한다는 의미다. 보통의 연인들에게 그것은 결코 쉬운 일이 아니다. 보편적으로 여자는 남자의 미래를, 남자는 여자의 과거를 궁금해하는 법이니까.

그래서 나 역시 그런 문제로 고민하는 연인들에게는 반드시 주문하는 것이 있다. 과거는 각자의 것이므로 서로 상관하지 말라는 것. 그저 오롯이 지금, 두 사람이 같은 곳을 바라보고 함께 숨을 쉬고 있는 바로 이 순간에 충실하라는 것. 한마디로 과거를 부끄러워하지 말고 미래를 걱정하지도 말라는 이야기다. 그러지 않으면 과거에 집착한 후유증은 두 사람의 사랑 자체를 위협할 정도의 가공할 위력을 발휘할 것이 분명하므로.

누구에게나
일곱 번째
방은
필요하다

"사랑하는 이여, 여기까지만. 더 이상은 안 되오. 여기 일곱 번째 방에서는 나 혼자 있고 싶소."

이렇듯 간절한 호소를 하고 있는 사람은 산도르 마라이다. 그는 소설 『결혼의 변화』에서 평생에 걸친 오해로 자신을 억압하고 불행한 결혼 생활을 이어가는 사람들의 이야기를 집요하게 파헤치고 있다.

그들의 불행 속에는 오해와 억압, 그릇된 요구와 조종 심리, 그리고 의존과 독립의 문제가 모두 들어 있다. 그래서 작가는 "일곱 번째 방에서는 혼자 있고 싶다"라고 썼는지도 모른다.

그가 말하는 일곱 번째 방이란 정말로 사랑하는 사람들 사이에도 각자 자기만의 독립된 공간이 필요하다는 것을 나타내는 상징

적 표현이다. 사랑하는 사람들이라도 일곱 번째 방에서는 혼자 있을 필요가 있다. 그것은 의존과 독립의 문제를 해결하는 데도 매우 적절한 처방이다.

이 문제에서 가장 좋은 사례로 미국 드라마「섹스 앤 더 시티」의 캐리 브래드쇼를 들 수 있다. 드라마 속에서 그녀는 사랑하는 남자 에이든과 헤어지고 만나기를 되풀이하다가 끝내는 영영 헤어지고 만다.

그들에게 첫 번째 이별이 다가온 이유는 남자가 함께 살 것을 고집해서다. 남자와 헤어지기 싫어서 일단 승낙부터 해놓았지만 캐리는 고민스럽다. 그녀는 자신이 남자에게 의존적인 타입이 아니라는 것을 잘 안다. 혼자만의 독립된 시간과 공간 역시 절대적으로 필요하다는 사실도 잘 알고 있다.

아무리 사랑하는 사람이라도 함께 살기 시작하면 이 두 가지 문제가 제대로 해결되지 않을 게 뻔한 일이다. 하지만 캐리가 그런 생각을 하고 있는 줄 모르는 남자는 신바람이 나서 함께 살 집을 수리한다. 그것을 보고 덜컥 겁이 난 캐리는 결국 헤어질 결심을 한다.

그 뒤 시간이 흘러 재회한 두 사람은 또다시 사랑에 빠진다. 하지만 이번에도 그녀는 결혼식을 코앞에 두고 남자에게 이별을 선언한다. 이유는 비슷하다. 독립적인 그녀의 기질과 라이프스타일 때문에 결혼이 맞지 않을 거라는 생각을 버릴 수 없어서다. 사실 우리 주변에도 그런 문제로 고민하는 사람들이 많다.

이나영 씨의 이야기를 들어보자.

그저 혼자 있는 걸 좋아할 뿐

⋮

그녀는 자기가 일하는 분야에서 능력을 인정받고 있는 전문직 여성이다. 독신주의는 아니지만 결혼을 서두를 마음은 없다.

"전 데이트할 때 가장 부담되는 게 남자가 저와 결혼하고 싶다는 뉘앙스를 풍기는 거예요. 아주 살짝이라도 저한테 그런 느낌을 주거나 아니면 제 친구들한테 그런 얘길 비추면 마음이 불편해지더라고요."

나영 씨는 가벼운 데이트가 진짜 연애로 발전하기가 쉽지 않다고 고백했다.

"상대방이 정말 마음에 들 때도 있죠. 그럴 때는 이번엔 좀 더 잘해보자고 결심하기도 했어요. 하지만 남자가 계속해서 결혼 얘길 꺼내면 부담스러워서. 그걸 계기로 헤어지고 마는 거예요."

그런 일을 몇 차례 겪고 난 다음부터 그녀는 가벼운 데이트를 하는 것도 겁이 난다고 했다. 아무리 좋은 남자를 만나도 좀처럼 마음의 벽은 무너지지 않았다. 친구들은 그런 나영 씨를 걱정하기 시작했다.

"친구들은 제게 그래요. '너를 좋아한다는 표현의 하나일 뿐이니 너무 예민하게 굴지 말라고.' 물론 저도 그 말에 공감해요. 그런데도 막상 남자들이 그런 말을 꺼내면 목 안이 턱 차오르는 것처럼 답답해서 견디기 힘들어요. 그러면 더는 만날 수 없게 돼요."

나영 씨는 자신이 결혼에 관심이 없는 건 사실이지만 딱히 그것만이 원인인 것 같지는 않다고 했다.

"함께 만나서 데이트하는 동안에는 그 시간이 더할 수 없이 즐겁고 좋아요. 오직 그 사람한테만 집중하게 되고요. 그런데 이상하게 사무실에서 일하고 있을 때 전화가 오면 몹시 불편한 거예요. 반갑다기보다는 얼른 그 상황에서 벗어나고 싶다는 생각이 앞서고요."

게다가 나영 씨는 연애할 때 오히려 혼자 있고 싶은 욕구가 더 강해지는 것 같다고 했다. 그래서 한 달에 한 번 정도는 주말에 일부러 남자친구와 약속을 안 잡으려고 이런저런 꾀를 내곤 했다. 혼자 있을 기회가 생기면 어김없이 보고 싶던 영화나 전시회를 부지런히 찾아다녔다. 그런데 그 시간이 그렇게 홀가분하고 신날 수가 없단다.

"제가 그런 걸 알면 남자친구는 당연히 서운해하죠. 저도 미안한 마음이 들긴 해요. 하지만 시간이 지나면 나도 모르게 또 그런 기회를 만드느라 애쓰게 되니…… 결국 연애 기간에 그런 일이 되풀이되다 보면 그 관계가 잘될 수가 없는 거죠."

사랑에도 쉼표가 필요하다

커플들 사이에서 끊임없이 문제가 되는 의존과 독립의 문제를 해결하려면 다음의 네 가지 키워드가 반드시 필요하다. 사랑(love), 한계 짓기(limits), 정신적 독립(let them go), 느슨한 간섭(loose integration)이 바로 그것이다.

첫 번째, '사랑'은 상대방의 모습을 있는 그대로 받아들이는 것을 말한다. 상대방이 내가 원하는 모습을 가졌기에 사랑하는 것은 진짜가 아니다. 그 사랑이 진짜라고 말할 수 있으려면 있는 그대로 그 사람의 모습과 성품과 능력을 사랑해야만 한다. 그렇지 않고 진짜 자기가 아닌 다른 모습을 바란다면 우리는 그에 대해 분노할 수밖에 없다.

두 번째, '한계 짓기'는 의존과 독립의 문제에서 특히 중요한 요소다. 사람은 누구나 자기만의 경계를 갖고 싶어 한다. 그런데 우리는 이 경계를 잘 인정하지 못한다. 특히 친밀한 사이에서는 상대방이 경계 긋는 것에 반발을 느끼는 사람이 많다. 그런 사람들일수록 가까운 사이에서는 무엇이든 용납되어야 한다고 여기는 것이다.

그들은 사랑하면 모든 걸 공유해야 하는 것 아니냐고 주장한다. 아무리 가까운 사이라도 분명 넘어서는 안 될 선이 존재한다. 그것을 존중해주는 것이 사랑이다. 특히 연인끼리는 서로 지켜야 할 한계를 미리 상의해서 결정하는 것이 바람직하다. 이를 지키려는 노력 역시 두 사람이 똑같이 기울여야 한다.

세 번째, '정신적 독립'은 서로 구속하지 않고 사랑을 키워가고 싶다면 꼭 지켜야 하는 요소다. 정신적으로 독립하지 못하는 아내 때문에 괴로워하는 남편의 하소연을 들은 적이 있다.

"제 아낸 이 세상에서 저만 바라보고 산다고 합니다. 시부모 모시고 아이들 뒷바라지하기가 어렵다 보니 제가 유일하게 위안을 주는 사람이거든요. 하지만 어떤 땐 정말 숨이 막힙니다. 목소리가 듣고 싶다고 하루에도 몇 번씩 전화를 하는데, 어쩌다 퉁명스럽게 받으면 당장 눈물 바람입니다. 장 보러 갈 때도 늘 같이 가자고 졸라서 조금도 내 시간을 가질 수가 없습니다. 그런 아내가 안쓰럽기도 하지만, 화가 날 때도 많습니다."

이 남자의 갈등이 눈에 보이지 않는가? 그의 아내는 사랑하는 사람들 사이에도 '일곱 번째 방'이 꼭 필요하다는 걸 이해하지 못한 것이다.

두 사람의 사랑이 건강하다는 증거

⋮

사람은 누구나 자신을 구속하는 것에서 벗어나고 싶어 한다. 단지 자신의 문제해결 방식에 따라 그것을 표현하는 사람과 아예 그런 욕구 자체를 억압하는 사람으로 나뉠 뿐이다. 그러므로 어떤 경우에도 사랑하는 사람의 정신적 독립을 존중해주어야 한다. 이때 필요한 것이 바로 네 번째, '느슨한 간섭'이다.

우리가 상대방의 자율성을 지지해주려면 어떻게 해야 하는가? 무엇보다 사사건건 간섭하지 말아야 한다. 자신이 하는 일에 일일이 지적당하고 간섭당하면서 행복할 사람은 없다. 특히 연인들 사이에서 독립과 자율성이 유지된다는 것은 두 사람의 사랑이 건강하다는 증거다. 건강한 사랑은 상대방에게 죄책감을 느끼지 않고 자신이 원하는 것을 결정하고, 또 상대방은 그런 결정을 존중해주는 것이다.

전원생활을 하는 사람들 이야기를 들어보면 곡식이나 꽃나무도 너무 촘촘하게 심으면 제대로 자라지 못한다고 한다. 식물도 그러한데 하물며 사람이야 말해 무엇하랴. 더구나 누군가를 사랑한다면 그를 질식시키려고 해서는 안 된다.

Chapter 5

그것은
더 이상
사랑이 아니다

만개한 꽃은 반드시 시드는 법, 그처럼 뜨거운 열정
으로 시작된 관계에도 반드시 타성과 나태가 끼어드
는 순간이 온다. 처음의 눈부심을 잃어버린 사랑은 변
형되고 풍화되어 초라하기 짝이 없다. 어찌 그리도 가
볍고 경박할까. 한탄할 사이도 없이 두 사람 사이에는
미움과 갈등이 뒤얽히기 마련이다.

사랑도 변하고
사람도 변한다

:

내가 사랑하는 사람이 절대 한눈팔지 않고 나만 바라본다면 그보다 더 좋은 일은 없다. 하지만 그건 바랄 수 없는 소망이다. 그 이유야 뭐든 유혹과 흔들림이 뒤따르지 않는 연애는 없으니까. 그런데도 우린 애써 그 사실을 외면한다. 그것을 인정하고 싶지 않은 '부정(denial)'의 방어기제 탓이다. 부정한다고 해서 진실이 사라지면 얼마나 좋을까? 하지만 그렇게 안 되는 것이 인생이다. 그러니 정면을 똑바로 바라보고 방법을 찾아야 한다.

우린 흔히 "사랑에 빠지면 눈이 먼다"라고 말한다. 눈에 콩깍지가 씌었다고도 한다. 그 비유적인 표현을 영국의 뇌 과학자들이 사실로 밝혀냈다. 뇌 촬영을 해보면 사랑에 빠지는 순간부터 우리 뇌는 비판적인 기능을 담당하는 부위의 활동을 멈춘다. 진짜 콩깍지가 씐다는 말이다. 거기에 한술 더 떠서 긍정적인 관계 유지를 돕는 호르몬인 옥시토신이나 바소프레신에 직접 반응하는 뇌 기능까지 더욱 활성화된다고 한다. 그러니 사랑에 빠졌을 때 그 실체를 제대로 바라보기란 여간 어려운 일이 아니다. 모든 연애에서 콩깍지가 벗어지기까지 걸리는 시간은 길어야 1년 6개월이라고 한다. 그것도 대단히 오래 가는 커플일 경우에 그렇다고.

어쩌면 연애에 변형과 풍화와 유혹이 뒤따르는 것은 일종의 숙명일지도 모른다. 숙명 운운하니까 너무 거창하게 들리겠지만 어쨌든 우린 이 변화 앞에서 사랑을 지켜낼 방법을 찾아야 한다. 그러지 않으면 아무리 굳건한 사랑도 흔들리고 위협당한 끝에 그대로 부서질 수밖에 없다.

부정한다고 진실이 달라지는 것은 아니다

변화에 대한 두려움은 생각보다 뿌리 깊다. 하지만 변화가 두려워 계속해서 그 상태에 머문다면 그것은 게으름이라고 할 수밖에 없다. 변화에 뒤따르는 갈등을 서로를 이해하는 하나의 도구로 활용할 줄 알아야 한다. 단순히 갈등 자체가 싫다고 그 뒤로 몸을 숨기지 말아야 한다.

특히 뜨거운 열정이 사라진 연애에서 서로 갈등하며 변화를 추구하기란 쉬운 일이 아니다. 그러나 느리고 조용한 악장만 연주되는 음악은 무미건조하며 지루하고 재미없다. 때로 강하게 울려 퍼지는 포르티시모도 있어야 한다.

사랑도 마찬가지다. 무조건 희생하고 양보하기보다는 때로 지혜롭게 맞서서 변화를 추구하는 용기를 가질 필요가 있다. 그렇게 달라지는 관계를 자연스럽게 받아들일 수 있어야 한다.

인간이란 정적인 존재가 아니다. 늘 변화하고 있는 동적인 존재다. 인간뿐 아니라 모든 삼라만상이 매 순간 변화한다. 따라서 인간에 대한 이해는 고정된 존재가 아니라 변화하는 역동적 존재로 보는 데서 출발해야 한다.

더구나 사랑은 쇼펜하우어의 말처럼 "외부를 향해 자신을 개방하는 것"이다. "나에게 밀려오는 것, 내가 맞아들여야 하는 것을 받아들이는 것"이다. 그런데 어찌 변화를 두려워하랴.

부정한다고 해서 진실이 사라지지는 않는다. 그보다는 정면으로 응시하고 문제를 해결할 방법을 찾아야 한다. 인간이 늘 변화하는 존재이듯 사랑도 변화하는 것을 인정하고, 미움과 나태의 자리에 창조와 성숙이 들어서도록 서로 격려하고 배려하고 노력해야 한다.

사랑이
잘못되어갈 때
나타나는
4가지 신호

프로이트 이론을 반박하는 사람들은 그의 이론이 너무 결정론적이라고 한다. 태어나서 처음 몇 년 사이의 경험이 어떻게 인간의 삶 전체를 결정하는가에 회의적인 학자도 많다. 그러나 여전히 많은 학자들은 행복한 어린 시절을 보낸 사람이 어른이 되어서도 긍정적으로 생각하고 행동하는 경향이 있다고 주장한다. 행복한 어린 시절을 보낸 사람이 의존적 성향이 적고 더 성숙한 인간관계를 형성한다는 것이다.

영국의 정신분석가 조지 M. 볼비도 인간은 태어난 지 한 달 만에 이미 자기가 애착 관계를 형성할 대상을 찾고 애착을 갖기 시작하며, 이것이 그 사람의 장래 인격과 사회활동, 정서적 안정에 지대한 영향을 미친다고 주장한다. 또한 생후 2년 동안은 애착에 중요한 시기로 이때 어떤 이유에서건 부모, 특히 어머니와 이별을 경험하거나 사랑이 결핍되면 불안(이별 불안이라고 한다)을 일으켜 정서 발달에 치명적인 손상을 초래한다고 주장한다.

이때의 이별 불안을 모든 불안의 원형으로 보는 것은 참으로 의미 있는 일이다. 불안의 원형이 사랑하는 사람에게 버림받는 것이라는 사실은 인간의 사랑을 이해하는 데도 중요한 의미를 지닌다.

그러나 건강한 보통 사람들은 인간은 물론 세상의 모든 것이 '사랑의 거부에 대한 불안'을 해결해줄 수 없다는 사실을 잘 알고 그 불안을 이겨낸다. 궁극적으로 자기 자신만이 그 불안과 직면하고 해결방법을 찾을 수 있다는 점을 인지하고 있다. 그리고 인간의 속성상 어느 정도는 불안을 느끼고 살아갈 수밖에 없다는 사실도 잘 알고 있다.

후천성 애정 결핍 증후군

인간이 종교적 사랑, 아가페적 사랑을 통해 신을 찾고자 하는 것도 바로 그러한 인간의 한계를 뛰어넘기를 바라서다. 인간이 생각하는 신의 사랑은 어떤 어머니도 줄 수 없는 완전한 사랑, 모자라고 무기력하고 열등감 많고 두려움 많은 자신의 모습을 비난하거나 평가하거나 멸시하지 않고 온전히 받아들이는 전폭적인 사랑이다. 인간관계에서는 그런 사랑이 충족되지 않는다는 사실을 잘 알기에 인간은 아가페적인 사랑을 추구한다.

어떤 이유로든 그런 사실을 받아들일 수 없거나 인정하기 두려운 사람들은 결국 인간관계에 매달린다. 자기 주위에 있는 사람이 자신의 애착과 갈망을 채워주기를 바라서다. 그러나 인간의 사랑은 너무도 유한해 우리는 자주 쓰디쓴 사랑의 실패를 경험해야 한다. 사랑이 잘못되어갈 때 그 신호는 여러 곳에서 나타난다.

다음은 그것을 간추려본 것이다.

첫째, 상대방이 자기를 사랑하는지 끊임없이 반복해서 확인하고 싶을 때.

둘째, 오늘은 '당신을 사랑해'라고 말하다가 내일은 '미워해'라고 할 때.

셋째, 보지 않으면 마음이 멀어지는 것처럼 느낄 때.

넷째, 마음으로는 헤어지는 것이 옳다고 여기면서도, 여러 이유를 들어 고민만 하고 아무 결정을 내리지 못할 때.

혼자 남는 것에 대한 두려움

:

사랑하는 사람한테서 끊임없이 사랑을 확인하고 싶다는 것은 사랑이 위기에 처했음을 알려주는 첫 번째 신호다. 자신이 사랑받을 가치가 없으며 그리하여 거부당하고 혼자 남겨질지도 모른다는 두려움과 공포가 강할 때 사람들은 사랑을 확인하고 싶어 한다. 이런 때일수록 애착 관계에 더 집착을 보이고 상대에게 더 의존적으로 매달린다. 그러나 상대방이 자기에게 의존적이고 기대려고 할수록 도망가고 싶은 것이 사람의 마음임을 어쩌랴. 그런 상대방의 반응이 더 불안을 일으켜 한순간이라도 사랑을 확인하지 않고는 견디지 못하는 악순환이 되풀이된다면 그 사랑은 이미 나를 떠나갔다고 봐야 하리라.

두 번째 신호는 사랑의 지속성에 의심이 생기는 순간이다. 정신의학에서는 지나치게 변덕스러운 감정도 병이라고 본다. 어른으로서 감정 성숙이 덜 된 것이 그 원인이다.

예를 들어 자라나는 아이들은 상대방에 대한 평가를 수시로 바꾼다. 부모에 대해서도 자기에게 잘해주느냐 아니냐에 따라 쉽게 "아빠, 엄마 예뻐" 했다가 "아빠, 엄마 미워"로 바뀐다. 조금만 섭섭하게 대하면 미워하다가 다음 날 작은 관심이라도 보여주면 금방 헤헤 웃는 것이 아이들이다.

그러다가 차츰 미운 사람도 예쁜 면이 있고 그 반대의 경우도 있다는 사실을 이해하면서 한 사람에 대한 통합의 경험을 겪는다. 이 통합의 경험이 제대로 이루어지지 않은 사람은 어른이 되어서도 변덕스럽고 히스테릭한 상태에 놓이기 쉽다. 연애할 때 상대방이 조금만 잘해주면 "널 사랑해" 하다가 조금만 섭섭하게 하면 "널 미워해" 하는 사람은 바로 그런 유형에 속한다.

세 번째, 눈에 보이지 않는다고 마음에서도 멀어진다고 느낀다면 그 사랑은 당연히 잘못되어가고 있는 것이다.

네 번째, 잘못된 관계인 줄 알면서도 쉽게 헤어지지 못하고 고민하는 사람들은 여러 이유를 들어 자신을 설득한다. 예를 들어 '지금 이 사람이 어려운 처지에 있는데 나마저 떠난다면?'이라든가 '이 사람과 헤어지고 나서 다른 사람을 만나지 못한다면?' 하는 이유를 대면서 계속 고민만 하다가 아무 결정도 내리지 못한다.

대학 1학년 때부터 사귄 남자의 성격 때문에 결혼을 망설이던 여자가 결혼을 결심한 이유를 듣고 기가 막혔던 적이 있다. 그녀의 말인즉 "지금까지 내가 해놓은 일이라곤 그 남자와 연애한 것밖에 없다. 이제 와서 성격 문제로 헤어진다면 그동안의 세월을 다 낭비한 셈이 되고 만다. 그것을 인정하느니 차라리 결혼하기로 했다"라는 것이었다.

이는 혼자 남는 것에 대한 두려움에서 비롯된 논리다. 혼자 남는 것이 싫어서 그럴듯한 이유로 포장해 자신을 설득한 것이다. 이러한 두려움은 인간이라면 누구나 가지고 있다. 평소에는 크게 문제 될 게 없지만, 그것이 지나쳐 자신에게 피해를 주는 정도라면 문제라고 보는 게 옳다.

잃어버린
후에야
깨닫게 되는
것들

우연히 어느 잡지의 표지에서 "사랑이라는 이유만으로도 충분하다"라는 글귀를 봤다. 아주 잠깐 머릿속이 혼란스러웠다. 정말 사랑이라는 이유만으로도 충분할까?

의처증이나 의부증 환자들은 배우자를 '너무 사랑하기 때문에' 의심하고 질투한다고 한다. 그 말을 듣는 제삼자들도 그들이 사랑하기 때문에 관심도 보이고 소유하려 들고 집착한다는 데 쉽게 동의한다.

부모들은 '사랑하기 때문에' 아이들을 간섭하고 지배하려 하고, 연인들은 '사랑하기 때문에' 상대방을 내 것으로 만들려고 한다. 부부들은 '사랑하기 때문에' 자신에 대한 사랑을 증명해 보이라고 요구한다. "우리는 사랑하기 때문에 헤어진다"라는 유명한 말도 있지 않던가.

"서로 사랑하지만 헤어질 수밖에 없다"라며 마지막으로 조언을 듣고 싶다는 젊은 커플을 만난 적이 있다. 두 사람은 매일 싸운다고 했다. 발단은 아주 사소한 것이지만 싸움은 날로 치열해져 이제는 두 사람 다 진저리가 날 지경이라고 했다. 그런데도 "아직 서로 사랑하느냐?"는 질문에는 둘 다 "사랑하는 마음에는 변함이 없다. 그러나 아무래도 사랑만으로는 안 될 것 같다"라고 대답했다.

당연히 사랑만으로는 안 된다. 그것을 몰랐단 말인가? 이렇게 되묻고 싶었지만 아직 젊은 열정에 휘둘리는 그들이기에 차마 이 질문은 하지 못했다.

상대의 불완전함을 받아들이기

:

사랑은 대개 뜨거운 열정으로 시작된다. 문제는 그 열정이 우리 감정에 속한다는 데 있다. 사람의 감정 가운데 영원히 지속되는 것은 아무것도 없다. 사랑의 열정 혹은 열병도 예외는 아니다.

정신의학자 융은 우리 감정이 늘 흐르는 물처럼 변화하는 것은 인간의 정신세계가 완전히 열려 있거나 닫힌 체계가 아니기 때문이라고 설명한다. 그보다는 '상대적 폐쇄체계'라고 봐야 한다는 말이다. 다시 말해서 인간에게는 정신이라는 기존 에너지 체계가 있다. 그러나 이것은 우리가 매일 보고 듣고 느끼는 외적 자극에 끝없이 영향을 받는다. 그 때문에 우리의 정신체계는 완전한 균형 상태에 도달할 수 없으며 외적 에너지에 따라 부단히 변화하는 상태에 놓일 수밖에 없다. 그리고 감정도 정신세계의 일부이므로 새로운 자극에 늘 변화하기 마련이다.

이처럼 인간의 감정은 변하기 쉬운데 사랑이라고 어찌 예외일 수 있겠는가. 만개한 꽃은 반드시 시드는 법, 그처럼 뜨거운 열정으로 시작된 관계임에도 두 사람 사이에는 반드시 타성과 나태가 끼어드는 순간이 오고야 만다. 처음의 눈부심을 잃어버린 사랑은 변형되고 풍화되어 초라하기 짝이 없다. 어찌 그리도 가볍고 경박할까, 한탄할 사이도 없이 두 사람 사이에는 미움과 갈등이 뒤얽히기 마련이다.

사랑에도 노력이 필요하다

⋮

하지만 여전히 사랑만은 어떤 경우에도 변화해서는 안 된다고 굳게 믿는 사람들이 있다. 그런 믿음이야말로 우리가 사랑에 대해 갖는 가장 큰 오류 중 하나가 아닐까 싶다. "사랑이라는 이유만으로도 충분하다"라는 말도 그런 그릇된 생각에서 나온 것이리라.

앞서 예로 든 커플도 그들의 사랑이 변화할까 봐 두려워 그것을 받아들이지 않으려는 데 문제가 있었다. 그 문제를 상대방에게 투사해서 다 '네 탓이오' 하고 있으니 매일 싸움이 되풀이될 수밖에 없다. 그런 파국을 피하려면 다른 방법이 없다. 사랑하는 두 사람이 서로 힘을 합쳐 위기를 극복하고 성장하고 발전하기 위해 노력하는 수밖에. 돈을 벌기 위해 노력하듯 사랑도 벌기 위해 노력해야 한다는 뜻이다.

돈을 벌기 위해 가장 먼저 하는 일은 돈을 벌겠다는 계획을 세우는 것이다. 그런 다음에는 어떻게 하면 돈을 벌 수 있을지 방법을 찾느라 골몰한다. 그리고 돈을 벌 수만 있다면 웬만큼 힘든 일은 다 감수한다. 그뿐인가? 계속해서 계획을 수정하고 보완하려고 노력한다. 타협할 줄 아는 지혜도 필요하다. 대부분의 사람은 돈을 벌기 위해서 끊임없이 노력을 기울여야 한다는 데 별다른 이의를 제기하지 않을 것이다.

사랑이라고 해서 조금도 다르지 않다. 돈을 벌기 위해 노력하듯이 사랑도 벌어들이려고 노력해야 한다. 그래야만 흔들리는 사랑 앞에서 좀 더 굳건할 수 있을 것이다.

지금 그 사람은
그때의
그 사람이
아니다

"사랑의 행위는 게으름의 관성에 맞서 싸워나가려는 노력과 두려움으로 인한 망설임을 극복하려는 용기를 갖는 것이다."

정신과 의사 모건 스콧 펙의 말이다. 앞에서도 언급했듯이 사랑에서 열정의 시기가 끝나면 일종의 휴지기가 찾아온다. 그때 가장 먼저 끼어드는 것이 바로 게으름이다. 그다음에 찾아오는 것은 무엇일까? 내가 지금 제대로 가고 있는 걸까, 혹시 잘못된 길을 가고 있는 건 아닐까 하는 두려움이다.

그때 용감한 사람들은 그와 같은 게으름과 두려움을 깨부수려고 노력한다. 자신의 사랑을 확신하려고 애쓴다. 그것이 스콧 펙이 하려는 말의 핵심이다. 하지만 이 세상엔 그렇게 용감한 사람들만 있는 건 아니다. 사실은 대부분이 게으름과 망설임으로 말미암아 진정한 사랑을 쟁취하는 데 어려움을 겪곤 한다. 지금 하고 있는 사랑을 백 퍼센트 확신한다는 건 누구한테나 쉬운 일이 아니니까.

더 멋진 상대가 나타날지도 모른다는 환상 때문에 일을 그르치는 사람도 있다. 확신을 하지 못해서 사랑을 잃어버린 박미수 씨의 이야기를 들어보자.

사랑한 후회, 이별한 후회
:

"한 남자와 7년 동안이나 연애를 했어요. 문제는 그 긴 세월 동안 우리의 사랑을 확신하지 못했다는 거예요. 그래서 서로 미워하며 헤어졌다 만나기를 되풀이하곤 했습니다. 그러면서도 서로를 향한 질긴 끈을 완전히 놓아버리진 못했죠. 그건 우리 두 사람이 서로 사랑했기 때문입니다. 그런데 각기 다른 남자, 다른 여자와 결혼한 다음에야 그 사실을 깨달았으니 이런 어리석음이 또 어디에 있을까요."

미수 씨의 어조에는 쓸쓸함이 가득 배어 있었다. 나는 그녀에게 스콧 펙의 말을 들려주었다. 그러자 미수 씨는 "정말 그래요. 하지만 그 무렵엔 그걸 몰랐답니다"라며 쓸쓸히 웃었다. 지금은 왜 자신의 사랑에 파국이 찾아왔는지 이해한다며 말을 이었다.

"그 사람과 저는 게으름과 타성이 끼어드는 순간마다 서로를 원망하기에 바빴어요. 그 사람이 내가 반했던 모습 그대로 있어주기를 바랐는데, 내가 원치 않는 모습으로 변하는 게 싫었어요. 결국 티격태격하느라 시간을 허비했습니다. 타성을 깨부수려고 노력했어야 하는데 오히려 그 반대로 나간 거죠. 돌이켜 생각해보면 용기가 없었기 때문이 아닌가 합니다."

미수 씨는 그때 자신들이 좀 더 용감했어야 한다는 걸 나중에야 깨달았노라고 말했다. 그랬더라면 서로의 모습을 있는 그대로 받아들일 수 있었을 테고, 서로를 원망하는 대신 좀 더 나은 관계를 위해 애썼으리라.

"왜 그랬을까요? 우린 대체 무엇이 두려웠던 걸까요? 결국 이렇게 서로를 잃어버렸는데 말예요."

미수 씨의 뒤늦은 탄식은 많은 것을 생각하게 한다.

두려움을 극복하는 용기

:

심리학자 에스더 M. 스턴버그는 사랑을 '열정, 친밀감, 약속과 책임감'으로 이루어진 삼각형으로 설명하고 있다. 그의 이론에 따르면 열정은 사랑을 시작할 때 가장 크게 작용하는 요소다. 그러나 시간이 흐르면서 가장 먼저 사라진다. 그리고 그 자리를 메워주는 것이 친밀감이다. 친밀감도 어느 정도까지만 증가한다. 어느 시점이 되면 역시 사라지거나 너무 익숙해서 숨어버리거나 한다. 그 대신 약속과 책임감이 그 자리를 메워준다.

열정이나 친밀감은 감정의 문제다. 앞서 말한 융의 이론대로 주위의 영향을 받아 변화하기 쉽다. 하지만 약속과 책임감은 다르다. 그것은 사랑하는 사람을 위해서 자신이 헌신하고 노력하겠다는 '생각'의 문제다. 그러므로 감정처럼 쉽게 변화하지 않는다.

약속과 책임감은 오히려 시간이 흐를수록 더 깊어진다. 또한 노력과 학습으로 얼마든지 발전할 수 있다. 더 중요한 건 그런 노력과 학습이 처음의 열정과 친밀감을 지속해나가는 데 큰 도움을 준다는 사실이다.

그런데 약속과 책임감이 자리 잡기 위해서는 서로에 대한 확신과 두려움을 극복하는 용기가 필요하다. 그렇지 못한 상태에서 게으름과 타성이 끼어들 경우 사랑이 흔들리는 아픔을 감내할 수밖에 없다.

'다름'을 받아들여야 진짜 사랑이다

우리는 사랑하면 그 사람에 대해 좋은 감정만 갖기를 바란다. 그러나 세상의 모든 일이 그러하듯이 사랑도 잘 안 될 때가 있고 좌절하는 순간도 찾아오는 법이다. "남자친구와 도무지 한 가지도 맞는 게 없다"라고 불평하는 여자의 이야기를 들어보자.

"제가 피자를 먹고 싶다고 하면 그 사람은 꼭 설렁탕 먹으러 가자고 합니다. 수영하러 가자고 하면 산에 가고 싶다고 하기 일쑤죠. 어떤 땐 저 약 오르라고 일부러 그러는 것 같다는 생각마저 든답니다. 그때마다 정말 분한 생각이 든다니까요."

그 정도는 애교로 봐줄 만하다. 심한 경우엔 여자가 강변의 우아한 카페에서 둘만의 시간을 갖자고 하면 친구들이 잔뜩 모여 있는 선술집으로 데려가는 남자도 있다. 물론 그런 남자들 역시 무엇 하나 맞지 않는 여자친구 때문에 힘들다고 불평한다.

"전 화장 안 한 맨얼굴의 여자가 좋습니다. 그런데도 제 여자친구는 화장을 안 하고 다니면 무슨 큰일이라도 나는 줄 알아요. 제가 여러 번 '넌 맨얼굴이 훨씬 청순하고 예쁘다. 그러니 나 만나러 올 때만이라도 그냥 나오라'고 해봤는데 말을 안 듣더군요."

남자의 불평이 좀 더 이어진다.

"옷차림은 또 어떻고요. 아무리 한여름이라도 그렇지, 허벅지가 다 드러나는 짧은 치마에 민소매 차림은 정말 보기 싫습니다."

어디 그뿐인가. 자기가 손이라도 좀 잡고 싶을 땐 무슨 핑계든 대서 못 잡게 하면서 꼭 일 때문에 녹초가 된 날은 키스하자고 덤빈다나. 그래서 '꼭지'가 돌 때가 한두 번이 아니란다. 사랑에 위기가 찾아오면 그들은 "저 사람은 나와 너무 다른 환경에서 자라 도저히 융합할 수 없다"라고 한탄한다. 또한 그들은 상대방이 자기가 노력한 만큼 따라와주지 않는다고 불평한다. 사랑한다면 그럴 수가 없다는 말이다. 사람의 감정은 타고난 성격, 성장 과정의 여러 경험 등에 따라 영향을 받으므로 백 퍼센트 서로 일치한다는 것 자체가 불가능하다. 그런 노력이야말로 헛수고요 망상일 뿐이다.

친구 같은 연인으로

평행선을 달리는 의견 차이까지도 받아들이는 게 사랑이다. 상대방이 나와 다른 의견, 가치관, 윤리관을 갖고 있는 것은 그 사람과 나의 얼굴이 다르다는 것과 조금도 다르지 않다. 언젠가 한 중년 여성에게 "결혼한 지 이십 년이 넘었지만 한 번도 화장하지 않은 맨얼굴로 남편을 대한 적이 없다"라는 말을 들었다. 자랑스럽다는 듯이 말을 했지만 사실 그녀는 남편에게 있는 그대로의 자기 모습을 보여주는 데 두려움을 느끼고 있었던 것뿐이다.

남자가 여자를 거칠게 다루는 이유도 이 거부의 두려움과 무관하지 않다. 여자에게 자신을 거절할 기회를 주지 않으려고 일부러 윽박지르며 거친 행동을 한다. 성숙한 사랑은 자기의 약한 모습, 열등감으로 가득 찬 모습을 보여도 상대방이 떠나지 않으리라는 믿음에서 출발한다. 그런 믿음 안에 있을 때 비로소 거부에 대한 두려움이 사라지고 사랑이 자라난다.

그런 의미에서 사랑하는 두 사람은 연인이기 이전에 친구가 될 수 있어야 한다. 물론 친구가 될 수 없어도 연인이 될 수는 있다. 하지만 그런 관계는 그다지 오래가지 않는다. 연인들이 서로를 좀 더 깊이 이해하고 좀 더 오래 사랑할 수 있으려면 친구 사이처럼 우정과 신뢰가 있어야 한다.

짧은 순간 불꽃같은 화학반응이 일어났다가 곧 꺼지고 마는 경우는 예외다. 그런 연애는 미처 서로를 알아갈 틈이 없으니까. 하지만 마음을 다해 서로 사랑하고, 그 사랑을 성장시키고 발전시키려면 화학반응 이상의 절실한 뭔가가 필요하다. 그것이 바로 친구 같은 연인 관계가 아닐까 한다.

사랑을 위한 자리를 내주어라

:

그런데 친구 같은 연인으로 성장하는 것을 방해하는 행위가 있다. 개인에 따라 여러 가지 원인이 있을 수 있겠지만 공통적으로 다음의 세 가지를 들 수 있다.

첫 번째는 상대방에게 그릇된 요구를 하는 것이다. 자기 멋대로 강요하고 무시하는 것도 여기에 속한다. 두 번째는 교묘한 방법으로 상대방을 조종하려고 드는 것이다. 세 번째는 상대방에 대한 지나친 의존 욕구다.

생각해보라. 우리는 이 세 가지를 친구에게 하지 않는다. 진짜 우정을 나누는 친구한테는 그릇된 요구를 하거나 자기 마음대로 조종하려 하거나 지나친 의존으로 문제를 일으키지 않는다. 따라서 친구가 될 수 없으면 진실한 연인이 되기도 어렵다는 등식이 성립한다.

진정한 우정은 상대방에 대한 존중에서 출발한다. 연인 사이에서 존중은 사랑하는 사람에게 최고의 관심과 주의를 기울이는 것을 의미한다. 또한 그 사람이 자기의 능력을 있는 그대로 마음껏 발휘하도록 칭찬해주고 격려해주는 것을 의미한다. 사랑하는 남녀 사이에도 서로의 업적이나 성공에 대한 질투심이 작용하는 게 사실이다. 존중의 마음은 그런 질투심을 넘어서서 상대를 배려할 수 있게 이끈다.

배려란 무엇인가? '자기 속에 사랑하는 사람을 위한 자리를 마련하는 것'이 아니던가. 스콧 펙은 그런 자리를 마련하지 않고서는 아무리 사랑하는 사람일지라도 상대에 대한 이해가 불가능하다고 주장한다.

당신의 삶은 그만큼 더 근사해질 것이다
⋮

서로를 성숙한 사랑으로 이끌기 위해서 또 한 가지 필요한 것은 자아 기능의 사랑이다. 서로의 갈등을 인정하지 못해 쉽게 깨뜨려 버리거나 갈등의 원인을 상대방에게 투사해 원망하고 불평하는 것이 본능 단계의 사랑이라면, 자아 기능의 사랑은 그것을 뛰어넘어 성숙한 단계로 진입하는 것을 말한다.

자아란 현실에 적응하면서 그 변화를 받아들이고 자기 한계를 인정하는 것이다. 나아가 생산적인 목표를 세우고 긍정적이고 적극적으로 살아가는 용기를 갖는 것이다. 그런 자아 기능의 발전 없이 성숙한 사랑은 이루어질 수 없다.

간혹 남자와 여자의 만남을 반원끼리의 만남에 비유하기도 한다. 하지만 실제론 그렇지 않다. 반원의 만남이라면 한 치의 오차도 없이 그 두 반원을 맞춰야 한다. 그러나 사랑하는 두 사람의 만남은 서로 구심점을 갖는 두 원의 만남이다. 두 개의 원이 만나므로 서로 겹치는 부분도 있고 겹치지 않는 부분도 있다. 따라서 사랑할수록 겹치는 부분이 많아지도록 애써야 한다. 서로의 욕구가 무엇인지 알아보고 그것에 관심을 두고 실천하려고 애쓸 때 비로소 사랑의 성숙도 이루어진다.

이대로
결혼해도
정말
괜찮을까?

정인 씨와 민혁 씨는 결혼을 전제로 만나고 있는 3년 차 커플이었다. 두 사람 다 삼십 대 초반이어서 결혼 이야기가 슬슬 나올 때였다. 그런데 교제하는 시간이 길어질수록 정인 씨의 마음이 조급해지기 시작했다. 더 나이 들기 전에 결혼하고 싶었기 때문이다. 주위의 친구들을 봐도 결혼 안 한 사람을 손에 꼽을 정도였고, 집에서도 압력이 들어왔다.

하지만 민혁 씨를 보면 만사가 태평한 것 같아 속이 터졌다. 생각해보니 그는 연애 중에도 정인 씨에게 먼저 프러포즈를 하거나 결혼 생각을 내비친 적이 없었다. 정인 씨가 결혼에 대한 이야기를 꺼낼 때마다 맞장구를 치긴 했다. 하지만 "이때 하자" 하는 확답을 준 적은 없었다.

둘은 여러 가지 면에서 잘 맞았다. 민혁 씨도 결혼을 한다면 이런 여자와 하고 싶다는 생각을 했다. 하지만 그는 늦깎이 신입사원이었고 회사에 출근할 때마다 자신은 나이만 먹었지 업무에 서툴다는 느낌을 많이 받았다. 아직 모아둔 돈도 없었다. 만약 결혼을 한다면 그 비용을 마련할 방법이 없었다. 그는 사회생활을 좀 더 하고 안정된 상태에서 결혼하고 싶었다.

하지만 정인 씨의 생각은 달랐다. 나이는 먹어가는데 언제까지 기다릴 수도 없는 노릇이었다. 이십 대처럼 서로가 사랑만으로 불타오르는 것도 아니었기에 시간이 지날수록 연애의 밀도가 떨어지는 기분이 들었다.

둘은 예전과 달리 서로에게 맞추기 위해 자신의 상당 부분을 포기하며 성숙한 연애를 하고 있다는 데 동의했다. 그럴수록 결과는 결혼으로 이어져야만 할 것 같았다.

정인 씨는 왜 민혁 씨가 결혼 문제에서 망설이고 오히려 자기를 이해해주면 안 되겠느냐고 하는지 답답했다. 민혁 씨도 마찬가지였다. 그는 정인 씨가 자신을 사랑한다면서 왜 지금 자신의 상황을 이해해주지 못하는지 알 수가 없었다.

두 사람은 점점 이 사람과 내가 과연 결혼을 하는 게 맞는 건가라는 의구심이 들기 시작했다. 아무리 많은 대화를 나누어도 결론은 언제나 제자리였다. 결국 두 사람은 관계가 지속될수록 어쩐지 해결되지 못할 문제를 떠안고 있는 학생으로 돌아간 기분이 되었다.

앨버트로스의 사랑

:

앨버트로스는 세계에서 가장 큰 새다. 가장 오래, 멀리 날며 평균 수명도 인간만큼 길다. 그밖에도 인간과 비슷한 데가 꽤 있다. 독일의 유명한 동물 작가인 드뢰셔의 연구 결과에 따르면 대개 7년 정도의 유년기를 거치고 결혼 전에 약혼부터 하는 것으로 알려져 있다. 일부일처제이며 거의 300일 가까이 둥지에 새끼를 두고 양육을 한다. 인간과 다른 점이 있다면 한번 인연을 맺은 짝에게 신의를 저버리는 일이 결코 없다는 것이다.

앨버트로스 커플은 사소한 부부싸움조차 하지 않는다. 결혼 초기에 흔히 일어나는 파워게임도, 상대방을 내 마음대로 조종하려는 욕구도, 지나친 기대치로 생기는 원망도, 성격이 달라서 부딪치는 오만 가지 갈등도 없다. 상대방에게 격심한 상처를 주거나 바람을 피우거나 해서 결혼 생활에 파탄을 가져오는 건 생각할 수도 없다. 이혼은 아예 존재하지도 않는다. 다만 평생토록 애정과 신의를 주고받으며 서로에게 헌신할 뿐.

어떻게 그것이 가능할까? 가장 큰 이유는 그들이 자주 만나지 않기 때문이 아닐까 싶다. 그들은 긴 결혼 생활을 하는 동안 다 합쳐서 93일 정도만 함께 있을 수 있다. 워낙 긴 거리를 날아다니며 살아야 하는 그들의 생존 방식 때문이다. 드뢰셔는 앨버트로스가 선원들처럼 몇 년씩 얼굴을 마주하지 못하는 결혼 생활을 하지만 "항구마다 신부를 두진 않는다"라고 말한다.

앨버트로스가 결혼 생활에 만족하고 헌신하는 데는 물론 다른 이유도 있다. 그들은 놀라울 정도로 긴 시간과 정성을 들여서 자신에게 맞는 최고의 짝을 찾아낸다. 하긴 한번 맺어지면 평생을 가야 하는 관계인만큼 그렇게 하지 않는 게 더 이상할지도 모른다. 이것이 바로 그들이 평생 서로를 존중하며 다정하게 살아가는 비결의 하나다.

결혼이라는 이름의 대학

인간과는 달리 많은 동물이 자신에게 맞는 최고의 짝을 찾아낼 줄 안다. 하다못해 바닷가에서 사는 아주 작은 달랑게들조차 짝을 찾는 데는 몹시 신중하다.

달랑게 중에는 수컷이 바닷가에 집을 짓는 종류가 있다. 수컷 달랑게는 짝짓기 철이 오면 모래를 퍼올린 다음 그 아래에 단단한 집을 짓는다. 집 안에는 침실과 새끼들을 양육할 방이 따로 있고 만약을 대비해 도망갈 수 있는 길도 만들어둔다. 그렇게 준비를 갖추고 있으면 암컷 달랑게가 찾아와 집 안 구석구석을 샅샅이 살핀다. 집이 마음에 들면 비로소 암컷은 수컷의 구애를 허락한다.

엄벙덤벙 결혼에 뛰어드는 존재는 인간밖에 없는 듯하다. 인간은 자신에게 맞는 최고의 짝을 찾아내기 이전에 온갖 이유로 결혼한다. 최고의 짝을 찾아냈다 싶어서 한 결혼도 알고 보면 최고가 아닌 경우가 허다하다. 덕분에 이 세상에는 온갖 종류의 사람들만큼이나 다양한 형태의 결혼이 존재한다.

지난 수십 세기 동안 인류는 진화를 거듭해왔다. 이 과정에서 '단, 결혼만 빼고'라는 것이 내 생각이다. 아마도 결혼이 인간생활의 가장 원초적이고도 근본적인 단위이기 때문이리라.

스콧 펙은 자기가 인격적으로 성숙할 수 있었던 것은 "결혼이라는 대학을 나왔기 때문"이라고 했다. 결혼 생활의 어려움을 겪어본 사람이라면 그의 말이 단순한 농담이 아님을 이해할 것이다. 그러므로 적어도 결혼하기 전에 제대로 된 짝을 찾기 위해 최선의 노력을 할 필요가 있다. 단, 그와 같은 노력은 커플이 함께해야 한다.

패자를
만들지 않는
현명한 싸움의
기술 8가지

처음 사랑에 빠졌을 때 자신들이 머지않아 '살벌, 잔혹, 처절하도록 싸워댈 것'이라는 걸 예상하는 사람은 없다. 그러나 '우린 영원히 싸움 같은 건 하지 않을 것'이라고 굳게 믿는 시기는 불행히도 너무 빨리 끝나고 만다. 그래서일까, 어느 심리학자는 이런 말을 남겼다.

"남자와 여자는 함께 있으면서 서로 불행해질 수 있는 새로운 방법을 찾아내는 데 무한한 재주를 갖고 있다. 그에 따르는 비극의 다양성을 입증할 사례는 무궁무진하다."

연인 사이에 싸움이 일어나는 데는 미묘하고도 수많은 이유가 있다. 그러나 그 속을 들여다보면 원인은 바로 '파워게임'인 경우가 많다. 사실 사랑은 심리전이다. 처음부터 마음에 여유를 가진 사람이 주도권을 잡는 고도의 심리 게임이다. 대다수의 커플이 이 싸움에서 승리하기 위해 치열한 전쟁을 마다치 않는 데서 문제는 시작된다. 마치 서로가 불행해지기만을 바라는 사람들처럼 끊임없이 상처를 주고받는 커플도 적지 않다.

사회생활을 하거나 제삼자와 인간관계를 맺으면서 자신의 모습을 다 보여주는 사람은 없다. 사람들은 본능적으로 사회적 페르소나라는 가면을 쓰고 만나게 된다. 그러나 사랑하는 사람 앞에서까지 가면을 쓰는 사람은 없다. 만일 그렇지 않은 사람이 있다면, 이는 진짜 사랑이라고 할 수 없으리라. 그러다 보니 서로 적나라한 상태에서 공격을 주고받게 되고 상처 역시 그만큼 깊을 수밖에 없다.

또한 사랑하는 사람에 대해서는 기대치가 지나치게 높다. 높은 기대치가 채워지지 않으면 싸움도 그만큼 격렬해진다. 실제로 우린 어느 누구에게도 사랑하는 사람에게 바라는 것과 같은 것을 바라지 않는다. 그런데 그것이 채워지지 않는다 해서 그에 대한 분노까지 상대방에게 투사하다 보니 싸움이 치열해진다.

이 같은 싸움일수록 그 끝은 허무하다. 두 사람 모두 이미 상처를 입고 난 다음이다. 그러므로 연인들 사이의 싸움은 두 사람 다 승자가 되어야만 한다.

제대로 사랑하고 제대로 '잘 싸우는' 방법

:

제대로 사랑하기 위해서는 제대로 싸우는 법을 알아야 한다. 그런 싸움은 긴장감을 없애주고 오히려 그 관계를 더 깊게 해주기도 하니까. 이제부터 그 방법을 알아보도록 하겠다.

첫 번째는 분석하지 말아야 한다. 잘못된 대화법 가운데 '정신과 의사 방식'이 있다. 상대방의 마음을 다 읽어 분석하고 결론까지 내리는 타입이 여기에 속한다. 실제로는 정신과 의사들도 그렇게 하진 않는다. 여자친구가 그런 방식을 적용해서 고민이라는 남자의 이야기를 들어보자.

"여자친구는 싸울 때마다 '넌 이런저런 생각을 갖고 나에게 그런 행동을 한 게 분명해' 하면서 단정을 내리곤 합니다. 그 점만 빼면 아주 매력 있는 친군데, 정말 어떤 땐 돌겠습니다. 아무리 네가 생각하는 것처럼 그런 게 아니라고 해도 막무가내입니다. 자기 생각은 틀리는 법이 없다나요."

그런 타입 중에는 삼대에 걸친 가정환경과 성장 과정까지 분석해가면서 "넌 마마보이야"라는 식의 결론을 내리는 경우도 있다. 그러나 아무리 싸울 때라도 자신의 행동을 분석받기 좋아하는 사람은 없다.

두 번째는 될 수 있으면 상대방의 말을 끝까지 들어주려고 노력해야 한다. 물론 앞서 말한 삼대에 걸친 성장 환경 분석까지 들어주라는 말은 아니다. 상대방이 자신의 감정이나 생각을 이야기할 때는 그것을 그대로 받아들이라는 의미다.

상대방이 "난 고기가 싫어, 생선이 좋아"라고 말하는데 "왜 고기를 싫어하니? 얼마나 중요한 영양소가 들어 있는데"라고 논쟁할 필요는 없다. 상대방의 생각이 틀렸다는 것을 입증하려고 애쓰기보다는 "그래, 네가 그렇게 생각하는 것을 이해해" 혹은 "네가 왜 그렇게 생각하는지 말해줄래?" 하면서 대화를 계속 이끌어나 가는 것이 중요하다.

우리가 누군가에게 이야기를 하는 것은 그 사람이 자신의 감정을 이해해주길 바라서다. 그런데 상대방이 섣부르게 결론을 내리 거나 이야기를 방해하면 당연히 분노할 수밖에 없다.

세 번째는 비난의 메시지라 하더라도 긍정적으로 전달하고 받아들여야 한다. 우리는 비난이나 경멸이 상대방을 변화시키지 못한다는 사실을 잘 안다. 그러면서도 때때로 참지 못하고 비난하고 경멸을 퍼부을 때가 있다. 그런 경우 더 큰 문제는 싸움의 진짜 원인은 놔두고 단순히 서로 헐뜯고 비난하기 위해 더 죽도록 싸우게 된다는 점이다.

따라서 같은 충고라도 상대방이 위협적인 비난으로 느끼지 않도록 말하는 기술이 필요하다. 예를 들어 "난 널 사랑해. 하지만 너의 이 점만은 싫어"라고 말한다. 그러나 이것은 상대방에게 "네가 이 점을 고치지 않으면 난 널 사랑하지 않을 거야" 하는 협박으로 들릴 수도 있다. 그럴 때는 "난 널 사랑해. 그리고 네가 이렇게 해주면 더 행복할 것 같아"라고 말하는 편이 낫다. 상대방 탓을 하는 게 아니라 자신의 바람을 이야기하는 것뿐이니까.

상대방에게 원하는 것이 있으면 비난하거나 불평하지 말고 원하는 것이 무엇인지에만 초점을 맞춰야 한다. 그래야 서로 비난을 멈출 수 있다.

네 번째는 '난 옳고 넌 틀렸다'는 생각에서 벗어나야 한다. 사람마다 다 자기 처지가 있고 또 그에 따른 변명이 있기 마련이다. 그 런데도 우린 상대방에게 자기 처지를 변호할 여지를 주지 않을 때 가 많다. 나만 옳고 상대방은 틀렸다는 생각 탓이다. 그리고 그것 을 증명하려고 끝까지 잔인하게 싸운다.

그렇게 해서 사소한 걸로 시작된 싸움이 이별로 이어지기도 한 다. 처음의 주제와는 상관없이 자신이 백 퍼센트 옳다는 것을 증 명하지 않고는 싸움이 끝나지 않는다. 결국 모든 수단과 방법을 안 가리다 보면 순간적으로 증오의 감정이 생겨나고 그때부터는 사생결단의 상태로 돌입한다. 헤어지는 것도 무리가 아니다.

콜럼비아 소설가 가르시아 마르케스의 『콜레라 시대의 사랑』에 보면 주인공 부부가 단지 목욕탕에 비누를 놔두지 않았다는 문제 로 넉 달 동안이나 서로 말을 하지 않는 장면이 나온다. 그런데 그 런 일은 우리 주변에서도 매우 빈번하게 일어난다.

다섯 번째는 문제의 책임이 서로에게 똑같이 있음을 인정해야 한다. 커플 면담을 하다 보면 남자와 만날 때는 여자가 아주 몹쓸 사람일 때가 많다. 그러나 막상 여자를 만나보면 이번에는 남자에 게 모든 문제와 책임이 있는 것만 같다. 결국 두 사람 모두에게 반 반씩 책임이 있다는 결론이 내려지는데 그것을 이해시키기가 쉽 지 않다. 어떤 커플은 "절대 5대 5라는 비율은 받아들일 수 없다. 난 3이고 상대방이 7이다"라면서 싸움을 멈추지 않기도 한다.

그러나 문제 시작의 책임이 누구에게 있든 그 결과는 자신이 선 택한 것임을 알아야 한다. 상대방이 화를 낼 때 맞서서 화를 내며 문제를 확대할 것인지, 아니면 그의 처지를 이해하고 문제를 축소

할 것인지 선택하는 당사자는 바로 나 자신이다. 될 수 있으면 정신적으로 더 강한 사람이 먼저 사과하고 화해를 청하는 것이 좋다. "내가 잘못한 것도 아닌데, 왜?"라고 따지고 들어봤자, 점점 더 피곤해지고 싸움은 끝날 기미조차 보이지 않을 때가 많다.

그리고 누가 먼저 사과를 하든, 진심이 담겨 있다면 상대방은 깨끗이 한 번에 그 사과를 받아들이도록 해야 한다. 같은 문제를 두고 몇 번씩 사과하도록 만들면 당사자는 내심 원망과 적개심을 키울 수밖에 없다. 그러면 결과적으로 관계만 더 악화될 뿐이다.

여섯 번째는 몸의 상처처럼 마음의 상처도 가라앉는 데 시간이 걸린다는 것을 알아야 한다. 어떤 커플은 싸우고 나서 바로 화해하려고 하는데, 왜 상대방이 그것을 받아들이지 못하는가 하는 문제로 또 싸운다. 어딘가 다쳐서 피가 철철 나면 먼저 그 원인을 찾기 전에 피를 멈추게 해야 하는 것처럼, 두 사람 다 차분하게 이야기할 수 있는 마음의 준비가 될 때까지 기다려야 한다. 그 시간은 사람에 따라 다르므로 더 오래 걸리는 사람을 배려해주어야 한다.

일곱 번째는 서로 자기 마음을 다스릴 수 있는 방법을 찾아야 한다. 연인들이 서로 싸울 때만큼 상처받기 쉬운 순간은 별로 없다. 그때 그 싸움에만 집착한다면 더욱더 상처가 커진다. 그럴 땐 운동을 하든지, 춤을 추든지, 노래를 하든지 해서 자기 마음을 다스릴 수 있는 방법을 찾는 것이 중요하다. 어떤 사람은 자기가 할 수 있는 일이 많아질수록 연인과 다투고 나서 마음을 다스리는 것이 더 쉬워진다고 한다.

여덟 번째는 궁극적으로 자신의 열등감을 극복하는 방법을 찾아야 한다. 아마 이 책 처음부터 끝까지 열등감 이야기가 너무 많이 나와서 "아니, 그럼 이 모든 것이 열등감 탓이란 말이야!" 하고 언짢아하는 사람도 있을지 모른다. 그런데 사실이다. 우리를 좌지우지하는 대다수가 바로 그 열등감이다.

열등감이란 한마디로 말하면 남에게 보여주고 싶지 않은 자기만의 비밀이라고 할 수 있다. 문제를 느끼는 것은 그 비밀 창고로 들어가는 통로라고 할 수 있다. 예를 들어 운동하라는 말에 버럭 화를 내는 남자가 있었다. 왜 그렇게 화를 내는지 알아봤더니 그는 자기 체격에 문제를 느끼고 있었고, 궁극적으로는 자기가 남자답지 못하다는 열등감을 갖고 있었다.

이런 경우 방법은 딱 하나다. 열등감이라고 생각하는 부분을 극복하려고 노력해야 한다. 그리고 그렇게 노력하는 자신을 대견하게 여기고 칭찬해줄 수 있어야 한다. 내가 나를 칭찬할수록 열등감은 사라진다.

나를 칭찬하는 것과 자만심은 다르다. 자만심은 말 그대로 나만 잘났다고 생각하는 것이다. 하지만 나를 칭찬하는 것은 어제보다 달라지는 내 모습을 대견하게 여기는 것이다. 내가 나를 대견하게 여기기 시작하면 상대방이 하는 실수나 비난이나 짜증에도 좀 더 여유롭게 대처할 수 있다. 당연히 싸우는 경우도 줄어들 수밖에.

결론을 말하자면 커플들 사이의 그 수많은 싸움에서 둘 다 패자로 남지 않으려면 상대방에게도 이길 수 있는 길을 열어놓아야 한다. 악착같이 매번 이긴다고 해서 상처뿐인 승리에 무슨 영광이 있을까.

Chapter 6

홀로 설 수 없다면 둘이서도 함께 설 수 없다

아주 작은 일에도 폭발적으로 분노하고 후회하는 일을
되풀이하거나, 남들에게 제대로 평가받거나 사랑받지
못한다는 생각이 계속해서 들기도 한다. 사랑하는 사람
에게 서슴지 않고 독설과 비난을 퍼부어놓고서 그 사
람이 자기를 버리고 떠날까 봐 전전긍긍하기도 한다.

당신이 그 남자를
선택한 이유

:

사랑이 어려운 이유는 그것이 혼자의 사랑이 아니라 사랑하는 대
상이 있어서다. 그 둘 사이에서 일어나는 갈등이 때로 사랑을 고
통으로 만든다.

　과거의 정신의학에서는 프로이트의 주장에 따라 인간의 갈등
을 자신의 마음속에 있는 본능, 자아, 초자아의 갈등으로만 봤으
나 지금은 인간관계에서 그 원인을 더 많이 찾고 있다. 프로이트
의 이론을 따르든 융의 이론을 따르든, 인간의 마음이 여러 갈래
로 나뉘어 있는 것만은 분명한 사실이다. 여러 갈래의 마음을 조
절하는 것도 어려운데, 그 마음이 상대방의 여러 갈래 마음과 만
나는 것이 바로 인간관계이고 남녀 관계다. 그러니 갈등이 일어나
는 것은 당연하다.

　복잡한 인간관계를 설명해주는 좋은 예로 거미줄 이론이 있다.
예를 들어 두 사람 사이에서 파생되는 인간관계는 두 가지다. 하
지만 세 사람이 되면 네 가지로 늘고 네 사람이 되면 무려 열한 가
지로 늘어난다. 이 복잡한 인간관계에서 남자와 여자를 서로 이끌

고 결합시키는 요인은 기대와 욕구로, 이는 다음의 3단계 과정을 거쳐서 이루어진다.

첫 번째 단계는 의식적이면서 서로에게 표현하게 되는 기대와 욕구다. 문제가 생겨도 서로 대화를 나누는 것이 가능하므로 커다란 갈등으로 비화하지는 않는다.

두 번째 단계는 의식적이긴 하지만 말로는 표현되지 않는 기대와 욕구다. 만일 상대방이 그것을 채워주지 않으면 분노의 감정이 일어난다.

세 번째 단계는 무의식적인 기대와 욕구다. 이런 욕구는 표현되지도, 의식되지도 않는다는 점에서 가장 불합리하며 모순처럼 느껴진다. 대부분 인간관계에서 분노하고 고통을 겪는 것은 바로 이 단계가 충족되지 않아서다. 문제는 상대방이 이를 전혀 의식하지 못하는 데 있다.

예를 들어 여기 데이트하는 남녀가 있다. 데이트가 끝날 무렵 여자는 남자가 집까지 바래다주기를 바란다. 하지만 남자는 일 핑계를 대며 그냥 헤어지자고 한다. 여자는 이해한다고 말하지만(첫 번째 단계) 사실은 몹시 속상하다(두 번째 단계). 그녀는 남자가 일이나 그밖의 다른 것에 관심을 두지 말고 오직 자기에게만 전념하기를 바란다. 하지만 그녀의 의식은 그것이 불가능하다는 것을 알기에 이를 부정한다(세 번째 단계). 그러나 여자가 진정으로 원하는 것은 바로 그 마지막 단계이므로 그 욕구가 채워지지 않는 한 분노의 감정을 풀지 못한다.

한편 남자는 그 모든 의식적이고 무의식적인 갈등을 까맣게 모르고 있다. 따라서 남자는 어쩌다 집에 데려다주지 않은 일을 두고 여자가 왜 화를 내는지 이해하지 못한다. 이때부터 두 사람 사이에 갈등이 싹트기 시작한다.

가장 중요한 세 번째 단계를 이해하고 싶은가? 그렇다면 누군가를 사랑한다고 느낄 때 다음과 같은 질문을 던져야 한다.

첫째, 언제 어디서 어떻게 지금의 상대를 만나게 되었는가?

둘째, 첫인상은 어땠는가?

셋째, 매력을 느꼈는가? 느꼈다면 무엇 때문인가?

평범한 질문 속에 숨은 의미

연애할 때 상대를 어떻게 만났으며 첫인상이 어땠는지 하는 것들은 평범한 질문 같지만 사실은 그 사람의 내면세계나 대인 관계, 처해 있는 환경 등을 알 수 있는 대단히 중요한 질문이다.

상대를 만난 시기가 어땠는지, 처음부터 마음의 준비가 되어 있었는지, 실연의 상처를 회복하기 위해서는 아니었는지, 가족과의 갈등이 싫어 서둘러 결혼하려는 마음을 품고 있지는 않았는지 등은 두 사람의 연애에 각기 다른 영향을 미칠 수 있다. 또한 서로 충분히 시간과 마음을 쏟을 수 있었는지, 서로 자주 만날 수 있는 곳에 살고 있었는지 등도 간과해서는 안 된다.

이러한 과정은 상대방의 신경증적인 경향을 파악하는 데 많은 도움을 준다. 신경증적인 경향이 심한 사람은 대부분 상대방에게 기대하는 무의식적인 욕구가 강하다. 따라서 인간관계뿐 아니라 연애에서도 좀처럼 쉽게 만족하지 못한다. 만일 사랑한다는 이유만으로 상대방에게 쉽게 분노하고 좌절하고 갈등하며 괴로워하는 사람이 있다면 한 번쯤 자기의 신경증적인 경향을 돌아볼 필요가 있다.

이런 타입은 자기 연민이 강해서 스스로에게는 대단히 너그럽다. 하지만 자신에게 너그러운 사람일수록 상대방에게는 냉혹하며 일방적으로 많은 것을 요구한다. 또한 '남자는 좋은 직장을 다녀야 한다' '남자는 경제력이 있어야 한다' '여자는 날씬해야 한다' '여자는 정숙해야 한다' 등의 선입견이나 편견도 많은 편이다. 그래서 자기가 생각하고 있는 틀에 상대방이 맞지 않으면 실망하고 화를 내며 끝없이 고치라고 요구한다. 그러면서도 자기는 요구사항이 별로 없다고 생각하니 더욱 문제일 수밖에. 이런 타입의 사람들은 "사랑하는 사람과 지내려면 한 가지 비결이 있다. 상대를 변화시키려 해서는 안 된다"라는 교훈을 결코 이해할 수 없다.

무의식적인 동기를 이해하는 과정

특히 사람들에 대해 과대평가와 과소평가 사이를 자주 왔다 갔다 하고 외로움을 참지 못하며 충동적인 경향이 있거나 경계선 인격 장애에 가까운 신경증을 가진 사람들은 경솔하고 말도 안 되는 이유로 상대를 선택하는 경우가 많다. 그렇다 보니 후회도 빠르다.

반대로 무슨 일이든 감정보다는 이성을 앞세워 결정하기 좋아하는 강박증적인 성격의 사람들은 자기에게 없는 감정적 변덕과 충동성을 가진 경계선 인격 장애를 지닌 사람들에게 쉽게 매력을 느낀다. 물론 머지않아 후회와 자신의 어리석음에 대한 한탄이 뒤따르기 마련이다.

그러므로 진정한 사랑은 자신이 상대를 선택한 무의식적인 동기를 이해하는 과정에서부터 출발한다고 할 수 있다.

무의식적인
끌림에는
이유가
있다

그렇다면 우리의 무의식에서 이성을 선택하는 데 가장 큰 영향을 미치는 것은 무엇인가? 첫 번째가 자기 속에 들어 있는 남성성과 여성성이다. 남자는 누구나 자기 속에 영원한 여성성을 지니고 있다. 그리고 그 이미지는 무의식적으로 여자에게 투사되어 싫고 좋음의 중요한 기준이 되곤 한다. 물론 그건 여자도 마찬가지다. 여자 역시 자기 속에 남성성을 지니고 있으며 그것을 남자에게 투사한다.

남자가 어떤 여자에게 첫눈에 확 이끌린다면 거기엔 수많은 이유가 있다. 하지만 그런 이유들은 이차적인 것일 때가 많다. 일차적으로는 그 남자가 지닌 여성성과 똑같은 특성을 그녀가 지니고 있기 때문일 확률이 높다.

반대로 그 남자는 어떤 여자에게 이유 없이 싫은 감정을 느낄 수도 있다. 그때는 그녀가 그 남자가 지니고 있는 여성성과 모순되는 기질을 갖고 있을 가능성이 크다. 여자의 경우도 마찬가지다. 자신의 남성성과 맞지 않는 특성을 가진 남자와는 좋은 관계를 맺기 어렵다.

두 사람 다 개인적으로 놓고 보면 썩 괜찮은 사람들인데 이상하게 서로 호감을 느끼지 못해서 관계가 이어지지 않는 커플이 있다. 그들이 서로 매력을 느끼지 못하는 이유 역시 그와 같은 영향 때문일 때가 많다. 그러므로 때때로 나한테 호감을 표시하지 않는 이성이 있다고 해서 마음 상할 필요는 없다.

그다음으로 이성을 선택하는 데 영향을 미치는 것이 자신의 열등기능을 상대방을 통해 보상하려는 무의식적인 욕구다.

자신과 정반대 성향의 사람에게 끌리는 이유
⋮

인간에게는 누구나 정신의 우월기능과 열등기능이 존재한다. 우월기능은 그 사람의 의식 세계를 작용시키는 기능을 담당한다. 반대로 열등기능은 대개 무의식에 깊숙하게 자리하고 있다. 그런데 정작 그 사람을 움직이는 것은 이 열등기능일 때가 많다.

사고하는 능력이 우월기능인 사람의 경우를 예로 들어보자. 그는 논리적으로 생각하고 판단 내리는 일을 매우 잘 수행한다. 하지만 감정적인 면에서는 도무지 서툴기만 하다. 그에게는 감정에 관련된 것들이 열등기능이다.

감정적으로 매우 취약한 상태에 놓인 그는 감정을 제대로 조절할 수가 없다. 쉽게 상처받고 화를 내며 때로는 공격적이 되기도 한다. 결국 열등기능인 감정이 그를 움직이는 힘인 셈이다. 따라서 그는 무의식적으로 자신의 열등기능을 보완해줄 수 있는 감정기능이 우월한 사람에게 훨씬 더 큰 매력을 느낀다. 반대로 사고기능이 열등한 사람은 사고기능이 우월한 사람을 선택할 확률이 높다. 그것이 우리가 연애할 때 자기와 정반대 성향의 사람에게 끌리는 이유 가운데 하나다.

문제는 그렇게 만나는 커플이 진정한 사랑을 하려면 매우 지난한 과정을 거쳐야 한다는 점이다. 무엇보다도 나와 정반대 성향을 가진 사람을 참아주는 인내심이 있어야 한다. 그런데 그게 말처럼 쉽지만은 않으니 문제일 수밖에. 처음에 나를 매혹시켰던 상대방의 어떤 성향이나 기질이 나한테는 매우 취약한 열등기능이다. 상대방에게 그런 기질이 두드러질 때를 생각해보자. 아마 누구도 그것을 참아내기가 쉽지 않으리라.

쉬운 예로, 돌다리도 두드려보고 건너는 치밀한 타입인 A가 무슨 일이나 대강대강 넘기길 좋아하는 B를 만났다고 하자. 그런 경우 A는 어찌 된 셈인지 대강대강 일하는 B의 태도가 시원스럽게 느껴져 첫눈에 반한다. 물론 그것은 A한테 부족한 면인 열등기능에 대한 보상욕구가 작용해서다.

문제는 시간이 흐르면서 A는 대강대강 일하는 B의 태도가 참기 힘들어진다는 점이다. 물론 그런 식의 일처리가 시원스럽게 보였던 기억도 사라진 뒤다. B 역시 같은 이유로 A의 꼼꼼하고 치밀한 일처리를 견디지 못한다. 그렇게 해서 두 사람은 잔소리를 해대며 하루가 멀다 하고 싸우기 시작한다. 그다음 일은 굳이 말할 필요도 없다. 서로 상대방을 원망하며 파국을 맞는 것은 시간문제일 테니까.

막상 연애를 시작하고 보니

:

고백하고 나면 오히려 마음이 식어버리는 사람들이 있다. 예를 들어 썸을 탈 때까지는 엄청난 설렘을 느끼다가 막상 연애가 시작되면 시들해진다. 용기 내어 짝사랑을 고백했는데 상대가 그 마음을 받아줬을 때도 마찬가지다. 반대로 평소에 호감을 느끼고 있던 상대가 고백을 해올 때도 갑자기 그 사람에게서 매력을 느끼지 못하게 된다.

그런 심리 역시 앞에서 설명한 두 가지 이유와 무관하지 않다. 막상 연애를 시작하고 보니 상대방이 자신의 남성성이나 여성성과 맞지 않거나 아니면 우월기능과 열등기능에 대한 보상욕구를 채워주지 못하는 일이 벌어진다.

만약 그 혹독한 과정을 거치고 서로를 진실로 이해하게 된다면 그 커플은 '인간 승리'의 깃발을 높이 들어도 된다. 물론 그때쯤이면 두 사람 사이에는 깊은 신뢰와 애정이 쌓이고, 어느덧 가장 친한 친구처럼 서로 닮아 있는 자신들을 발견할 것이다.

욕망과
사랑을
구분하는
방법

이민영 씨는 이른바 막장 드라마에나 나올 법한 일을 겪었다. 그녀에게는 4년째 사귀는 남자친구가 있었다. 그는 민영 씨와 결혼하고 싶어 했다. 하지만 민영 씨는 사회적 커리어를 더 쌓고 싶었기에 결혼을 미루고 있는 상황이었다. 그래도 남자친구는 민영 씨를 변함없는 모습으로 사랑해주었다. 주변 사람들도 "그 정도면 대한민국 대표 건실남"이라고 했다. 민영 씨 자신도 둘 사이의 관계를 의심해본 적이 없었다.

어느 날 민영 씨는 남자친구에게 친한 자신의 직장동료를 소개해주었다. 그 동료와 민영 씨는 서로 속 깊은 이야기도 스스럼없이 나누는 사이였다. 그런데 집으로 돌아오는 길에 남자친구가 불쑥 말했다.

"그 친구랑 너무 가깝게 지내지 마. 집요하고 *끈끈한 것* 같아서 좀 불쾌하더라."

그 후로 셋이 만날 기회는 없었고 남자친구 역시 민영 씨의 동료 이야기를 꺼내지 않았다.

그러던 어느 날 민영 씨는 남자친구의 전혀 다른 모습을 보고 말았다. 민영 씨의 직장동료와 남자친구가 바람을 피웠다는 사실을 알게 된 것이다.

민영 씨는 직장동료가 남자들과 원 나이트를 즐기곤 한다는 사실을 모르지 않았다. 하지만 자기의 남자친구와 그럴 줄은 몰랐다. 그런데 그 동료한테서 더 허망한 말을 듣고 말았다. 알고 보니 남자친구 역시 원 나이트와 엔조이를 밥 먹듯, 마치 취미생활처럼 즐기고 있었다. 그래서 같은 부류가 서로를 알아보듯 두 사람이 첫눈에 얽히게 되었다는 것이 동료의 변명 아닌 변명이었다.

민영 씨는 당장 남자친구를 만났다. 그런데 남자는 순순히 동료와의 일을 인정했다. 그녀와는 첫 만남부터 서로 끌렸고 누가 먼저랄 것도 없이 연락해 함께 잤지만 그게 전부라고 주장했다. 그러면서 자신도 왜 그랬는지 모르겠다고 덧붙였다. 그리고 나머지 이야기는 그 여자가 꾸며낸 것이라고 항변했다. 요즘은 원 나이트 앱도 있는 데다 헌팅 술집까지 있으며 원 나이트를 게임처럼 즐기는 친구들이 많지만 자기는 아니라는 말이었다.

그 말을 믿지 않은 민영 씨는 그 남자와 헤어졌다. 하지만 한동안 지독한 배신감과 상실감으로 힘든 나날을 보내야 했다.

미칠 듯한 욕망은 사랑이 아니다

:

결혼한 지 1년도 안 돼 남편한테서 헤어지자는 요구를 들으면 대체 어떤 기분이 들까. 그것도 사랑의 열정이 식었다는 이유만으로. 실제로 그런 말도 안 되는 상황에 맞닥뜨린 여자가 있다.

혜영 씨의 말에 따르면 그녀의 남편은 대단히 예술적이고 창조적인 타입이었다. 그래서 혜영 씨가 결혼을 결심했을 때 주변에서 다들 결혼 생활에 맞지 않는 남자라며 그녀의 결혼을 말렸다고 한다. 물론 혜영 씨는 그런 충고에 귀 기울일 형편이 못 되었다. 혜영 씨를 보고 첫눈에 반한 남자가 물불 안 가리고 거의 정신이 나갈 만큼 강렬한 사랑을 호소해오는데 다른 이들의 말이 들릴 리가 없었다.

문제는 그런 순간을 많은 사람들이 사랑으로 착각한다는 점이다. 혜영 씨의 남편도 바로 그런 경우였다. 그리고 이제 그는 아내와 헤어지고 싶어 했다. 크게 상심한 혜영 씨가 이유를 묻자 그는 말했다.

"당신과의 섹스에서 어떤 흥분도 느낄 수 없다는 게 문제야. 난 서로 눈만 마주쳐도 불타오르는 사랑, 살갗이 스치기만 해도 전율이 이는 관계를 원해. 그런데 이제 당신한테선 도저히 그런 감정을 느낄 수가 없어."

남편의 태도는 완강했고 혜영 씨는 결국 이혼을 결심해야 했다. 그녀가 어떤 잘못된 판단을 한 것이냐고, 왜 이런 황당한 일이 벌어진 것이냐고 묻는다면 그저 혜영 씨가 매우 운이 나빴다고 할 수밖에 없다. 욕망을 사랑으로 착각하는 남자를 만나 결혼까지 한 것은 정말 운수 사나운 일이라고 할 수밖에 없으니 말이다.

상대의 진짜 모습을 보지 못하는 이유

학자들 중에는 사랑을 욕망, 매력, 매달림, 생물학적으로 배우자를 찾는 욕구 등으로 구분하기도 한다. 욕망은 일차적으로 상대의 외모에 집중한다. 특히 현대인들은 매스컴의 발달로 예전보다 더 욕망에 사로잡힌 사회에 살고 있는 만큼 외모지상주의에 빠져들 수밖에 없다. 매력은 특정한 사람에게 에너지가 집중되는 현상이고, 매달림은 한 번 섹스를 한 후 상대방에게 지속적인 관계를 바라는 마음이다.

이때 욕망에는 단지 에스트로겐, 테스토스테론과 같은 호르몬만 작용한다. 매력은 거기에 정서적 융합이 일어난 상태로 세로토닌이 작용한다. 매달림 또는 집착은 밀접한 신체적 접촉을 찾는 상태로 여기에 작용하는 뇌 전달 물질은 아직 찾지 못한 상태라고 한다.

욕망에 정서적 융합이 아니라 단지 호르몬만 작용한다는 것은 그것이 얼마나 일회적인지를 잘 말해준다. 그런데도 연애나 결혼에서 그런 요소가 줄어들었다고 해서 사랑이 식었다고 생각하는 사람들이 많다. 그들은 자신들이 단지 일회적인 욕망에 충실했을 뿐이라는 사실을 모른다. 그러면서 사랑이 그토록 빨리 식어버리는 것을 한탄한다.

그리고 대개는 그렇게 된 원인이 상대방 때문이라고 원망하며 아무런 주저함도 없이 등을 돌리고 만다. 혜영 씨의 남편이 그랬던 것처럼. 그런 다음에는 또다시 자신을 흥분시켜줄 욕망의 대상을 찾아 헤맨다. 그들은 그것이 일종의 중독 증상일 뿐이며 결국 사랑의 굶주림이 원인이라는 사실을 스스로 깨닫기 전까지는 언제든 그런 로맨스를 찾아 떠나갈 준비가 되어 있다. 따라서 뜨겁게 전율하는 로맨스만을 사랑이라고 여기는 사람하고는 연애에 빠지지 않는 것이 좋다.

성적인 흥분 뒤에 해소기가 있듯이 아무리 뜨겁게 사랑하는 사이라 하더라도 언제나 흥분만 하고 살 수는 없다. 뜨거운 로맨스와 단조로운 일상 사이에서 일종의 균형이 필요하다.

만약 지금 누군가와 그런 관계를 맺고 있다면 거기에서 사랑을 기대하지 말아야 한다. 그건 진짜 사랑은커녕 연애 비슷한 것도 아니다. 단지 중독 증상의 연장일 뿐이다. 모든 중독은 증상이 가벼울 때, 아직 금단증상을 겪지 않아도 될 때 거기서 빠져나와야 한다.

내
사랑은
항상
왜 이럴까?

박명혜 씨는 화려한 외모와 적극적인 성격의 소유자였다. 그 덕분에 남자들한테 인기가 많았다. 그녀를 만난 남자들은 어떻게든 그녀의 환심을 사려고 애썼다. 그들은 모두 자기들이 여자한테 반해서 잘 보이려 한다고 생각했다. 하지만 사실은 좀 달랐다. 명혜 씨 스스로 교묘한 방법으로 그들을 유혹했다. 물론 그들은 자신이 여자의 조종을 받고 있다는 사실을 꿈에도 몰랐다. 명혜 씨는 자신의 그 놀라운(?) 능력을 이렇게 표현했다.

"저도 제가 왜 그러는지 모르겠어요. 하지만 잘생기거나 성공한 남자들을 보면 나도 모르게 유혹하고 싶어지는걸요. 내가 또일을 벌였구나 싶을 땐 이미 상황이 한참 진행된 다음이에요. 남자가 이미 제 유혹에 넘어와 거의 스토커 수준이 되고 나면 그제

227

야 아차 싫어지는 거예요."

그렇게 해서 명혜 씨는 한꺼번에 여러 남자를 만나기도 했다. 물론 그 남자들은 저마다 명혜 씨가 자신만을 좋아한다고 믿었다. 명혜 씨는 극적인 성격답게 그 모든 남자들과 대단히 드라마틱한 만남을 갖곤 했다. 남자에 따라서 순정 가련형의 여자를 연기하기도 하고, 비극적으로 첫사랑을 떠나보낸 비련의 여주인공이 되는가 하면, 전형적인 팜파탈의 모습을 보이는 식이었다.

단 하나 이해되지 않는 부분은 그녀가 남자들과의 섹스만은 단연코 거부했다는 사실이다. 그녀는 남자를 유혹해 넘어오게 만들기까지는 팜파탈의 연기를 유감없이 펼쳤으나 막상 섹스를 해야 하는 순간이 오면 교묘한 방법으로 피해갔다. 그렇게 섹스를 요구했던 남자는 그녀의 리스트에서 사라졌다. 대개는 그녀가 먼저 이별을 통고했다. 그녀의 태도에 지친 나머지 화를 내면서 떠나가는 남자도 더러 있었다. 아직 자신이 처한 상황을 이해하지 못하고 스토커처럼 구는 남자도 물론 있었다. 명혜 씨는 그 때문에 위기의식을 느껴 이사를 한 적도 있다고 했다. 그런데도 남자를 유혹해서 자기한테 반하게 하는 행동을 계속했다. 마음만 먹으면 모든 남자들을 유혹할 수 있다는 사실만큼 그녀의 허영심을 충족시켜주는 것도 없었기 때문이다.

실제로 그녀는 "화려하게 살고 싶다"는 말을 몇 번이고 되풀이했다. 사실 연예인이 되는 것이 그녀의 꿈이었다. 그러기엔 이제 나이가 들었는데도 여전히 그 꿈을 버리지 못하고 있었다.

영화 속 주인공처럼 사는 것이 그녀의 또 다른 소원이었다. 그녀는 평범한 사람으로 살다가 죽는 것이 가장 두렵다고 했다. 그런 상황에서 명혜 씨가 자신의 허영심을 충족시킬 수 있는 방법은 하나뿐이었다. 바로 남자들을 유혹하고 그들을 자기 마음대로 조종하는 것이었다.

그렇지만 섹스만큼은 죽기보다 싫었다. 동물적이고 불결하게만 생각되었다. 물론 오르가슴을 느껴본 적도 없었다.

"남자들은 한결같이 오직 그 생각만 하죠. 난 그런 남자들을 골려주는 것뿐이에요. 마침내 성공이 눈앞에 왔다 싶을 때 남자들의 모습은 정말 볼만해요. 자기가 잘났다고 생각하는 남자일수록 아주 의기양양하죠. 그러다가 제가 거부하는 게 장난이 아니란 걸 알았을 때 그 의기소침해 하는 모습이라니, 정말 우습지도 않다니까요."

명혜 씨는 경멸을 가득 담아 말했다. 그런데도 명혜 씨에게 남자는 자신의 허영심과 끼를 살려나가는 데 반드시 필요한 존재였다. 물론 그건 진심이 담기지 않은 의미 없는 만남에 불과했다. 그런 관계가 되풀이되다 보니 어느 순간 그녀 자신이 황폐해진 느낌이 들기 시작했다.

게다가 아무리 노력해도 자신이 결국 평범한 사람으로 남을지도 모른다는 생각이 들면 거의 공포에 가까운 두려움이 엄습하곤 했다. 그로 말미암은 불안과 우울 증상이 심해지자 그녀는 상담을 받기에 이르렀다.

상담실을 찾은 그녀의 첫마디.

"선생님, 제 사랑은 항상 왜 이럴까요?"

당신의 행복을 방해하는 무의식

:

겉보기에 화려하고 유혹적인 여성 가운데 섹스 트러블로 고민하는 사람이 의외로 많다. 키스나 애무까지는 괜찮은데 더 이상은 싫다고 한다. 그들과 상담해보면 전형적인 히스테리 타입인 경우가 많다.

히스테리 타입인 여성의 진짜 문제는 열등감에서 비롯된다. 특히 여자로서 자신에게 열등감이 많은 경우가 대부분이다. 물론 겉보기로는 그것을 전혀 알 수 없다. 화려한 외모와 연극적인 태도 때문에 오히려 그 반대로 보이는 경우가 훨씬 더 많으니까.

하지만 그들이 스스로 그런 연출을 하는 진짜 이유는 열등감 탓이다. '아니, 그렇게 화려한 여자들이 웬 열등감일까'라고 생각하겠지만, 겉보기에 완벽해 보이는 사람도 열등감에 시달린다. 그들의 문제는 '백 퍼센트가 아니면 아니다'라고 생각하는 전제에 있다. 그리고 그런 열등감을 숨기려고 겉모습에 부자연스러울 정도로 연연한다. 그들이 섹스를 싫어하는 이유도 그런 자신의 모습이 부지불식간에 드러날까 봐 두려워서다.

그들을 상담해보면 대부분 아버지의 외도로 어머니가 고생하는 모습을 옆에서 오래 지켜봤거나, 어린 시절 자신이 사랑해주기를 바란 누군가에게 사랑받지 못한 경험이 깊은 상처로 남아 있는 경우가 많다. 예를 들어 부모에 대한 분노가 이성에 대한 분노와 피해의식으로 이어지고, 어머니에 대한 동일시가 자신이 행복해지는 것을 무의식적으로 방해한다.

화려한 외모 때문에 일찍 남자들의 눈에 띄어 준비되지 않은 성경험을 하는 사례도 적지 않다. 바로 그런 이유로 성에 대해 더욱 경멸감을 느끼기도 한다. 그런 자신의 모습에 자신감을 갖지 못하다 보니 더욱 낮은 자존감으로 고생하게 되는 것이다. 그들이 마치 대단한 팜파탈인 양 꾸미고 남자들을 유혹하는 것도 그에 대한 보상심리 탓이다. 명혜 씨의 사례가 그것을 잘 보여준다.

만약 자신이 그와 같은 타입이라는 생각이 든다면 한 번쯤 그 이유를 자문해볼 필요가 있다. 그런 자기 점검을 통해 적어도 어떤 방향으로 나가는 것이 자신을 진정으로 위하는 일인지 생각해 봐야 한다.

사랑의
완성을 위한
몸의
대화

언젠가 TV 드라마에서 섹스에 대해 강박적 사고를 지닌 전형적인 여자의 모습을 봤다. 남자가 여자를 찾아와 자기의 사랑이 변함없음을 강조하는 장면이었다. 아마도 남자는 자기를 좋아하는 또 다른 여자와 밤을 지낸 모양이었다. 그렇지만 남자는 술에 취해 자느라 아무 일도 없었다고 변명하면서 '너와 결혼하고 싶다'는 점을 강조했다. 그러자 여자는 얼음처럼 싸늘한 표정으로 "한 여자가 한 남자와 밤을 지새우려 생각했다는 것은 그 남자에게 일생을 걸겠다는 뜻이다. 그러니 넌 그 여자와 결혼해야 한다"고 차갑게 말하고는 자리를 떠나버렸다.

그 장면을 통해 본 여자의 강박증이라니! 아마도 작가는 여자의 말을 통해 성에 대한 결벽증과 남자의 실수를 용서할 수 없는 마음, 나아가 상대방 여자의 처지까지 배려하는 모습을 그려내면서 그녀의 지고지순한 면을 강조하고 싶었는지 모르겠다. 그러나 내 머릿속을 스쳐 지나간 생각은 '나라면 저런 여자와는 결혼하지 않겠다'는 것이었다. 그렇게 편협한 생각을 가진 사람과 답답해서 어떻게 살겠는가.

섹스는 거래 대상이 아니다

이십 대 미혼 여성들을 만날 때 이따금 받는 질문이 있다.

"사랑하는 사람과의 섹스를 어떻게 생각하나요? 솔직한 대답이 듣고 싶어요."

진심으로 서로 사랑하는 커플이 사랑의 합일을 원하는 것은 자연스러운 욕망이다. 섹스라고 해서 그 합일에서 제외되어야 한다는 법은 없다. 그것은 또 다른 형태의 억압일 테니까. 문제는 그것이 진정한 사랑, 진정한 합일이 되어야 한다는 점이다. 방종으로 흐르는 것도 문제지만 강박적 사고도 위험하다. 양쪽 모두의 균형 감각이 필요하다.

우리는 살아가면서 자기도 모르는 사이에 자칫 수많은 흑백논리에 얽매여 살기 쉽다. 그러나 세상에는 수백 수천의 다양한 색깔이 존재하는 것처럼 사람의 행동이나 사고도 저마다 다른 면모를 지니기 마련이다. 그것을 흑백논리로 재단하는 것처럼 사람을 질식시키는 일이 또 어디 있을까. 성에 대해서도 마찬가지다. 앞서 이야기한 드라마에서 여자가 보여주는 결벽증은 성을 누군가를 소유하는 도구로 보기 때문에 생겨난다.

이것은 그녀만의 문제도 아니다. 지금도 여전히 수많은 사람이 성을 상대방을 소유하기 위한 하나의 수단으로 여기고 있다.

하지만 남자가 여자를 소유하기 위해 또는 여자가 남자를 자기 곁에 묶어두기 위해 성관계를 가진 다음 서로에게 기대했던 것이 채워지지 않으면 반드시 문제가 생긴다. 결혼을 전제로 한 연인 관계일 때도 다르지 않다. 성관계가 서로를 묶어두는 방법의 하나로 전락한 이상 그것은 상거래에 지나지 않는다고 봐야 한다. 그런데 그 거래가 자신이 원하는 방향으로 이루어지지 않으면 속았느니 어쩌느니 하는 원색적인 싸움이 시작된다. 그러다 보니 성관계를 맺은 다음 오히려 문제가 생기는 커플이 많다.

남자만 그런 것도 아니다. 여자들도 때로 내심 원하지도 않으면서 단지 그 남자를 소유하려는 방편으로 성관계에 응한다. 어떤 여자는 거절하지 못하는 성격과 마음에 드는 남자를 놓치고 싶지 않다는 생각에서 성관계를 가졌다. 그리고 나서는 자기 몸에서 냄새가 난다는 신체망상에 사로잡혀 이 병원 저 병원을 전전하고 다니기도 했다.

사랑의 완성을 위한 통과의례

:

그렇다면 사랑하는 남자와 여자 사이에서 성은 무엇이어야 할까?

아마도 사랑의 완성을 위한 대화여야 하지 않을까 싶다. 대화가 제대로 되지 않는 것은 대부분 어느 한쪽이 일방적으로 끌고 가서 그렇다. 마찬가지로 일방통행식으로 밀어붙이는 성관계가 잘될 리 없다.

효과적인 대화를 방해하는 것은 또 있다. 과거의 경험에 근거한 편견, 선입관, 정형화된 사고, 감추어진 의도, 물리적 환경 등등. 성관계 역시 그 모든 것에서 자유롭지 못할 때가 많다. 거기서 벗어나 자유롭고 진실한 성을 추구하려면 올바른 대화에서 인격 대 인격의 만남이 이루어지는 것처럼 상대방의 처지를 충분히 수용하는 신뢰가 있어야 한다. 그렇기에 사랑하는 사람들 사이에서 나누는 성은 본인들의 선택에 달린 문제이고, 무엇보다 올바른 선택이 중요하다.

그 어떤
말보다 강력한
메시지를 전하는
스킨십

이십 대 주부가 남편과의 성 문제로 찾아왔다. 그녀의 말인즉 남편은 야심만만한 남자여서 늘 일밖에 모르고 살아간다고. 요즘 젊은 남자답지 않게 거의 일중독이라 할 정도여서 아내와 집안일에는 무관심하다고 했다. 그것도 참기 어렵지만 아내를 더욱 괴롭히는 것은 따로 있었다. 남편은 어쩌다 한 번, 그것도 아내가 졸라야만 관계를 가졌다.

"그 사람은 저더러 이상하다고 하더군요. 너무 못 참는다나요. 그러나 전 성은 사람의 자연스러운 본능이라고 생각해요. 그런데 남편은 자기를 사랑한다면 제가 참아야 한다는 거예요. 그렇다고 무슨 달콤한 애정 표현을 하는 것도 아니고. 정말 저한테 문제가 있는 걸까요? 남편은 절 사랑하니까 함께 사는 거라며 생색을 내지만 진짜 사랑한다면 어느 정도 상대의 기분도 맞춰주어야 하는 거 아닌가요?"

그녀와 비슷한 문제로 고민하는 사람들이 적지 않다. 그런데 성이란 감정의 지배를 받는다. 따라서 요즘처럼 스트레스가 많은 사회에서 남자들의 성욕이 감퇴하는 것은 어쩌면 당연한 일인지도 모른다. 그리고 성욕이란 사람의 얼굴처럼 다 다르기에 일정한 기준을 두고 생각할 수 없는 문제다. 다만 최소한 상대방의 욕구를 배려하는 자세는 필요하리라고 본다.

이것은 남편과 아내에게 모두 해당되는 말이다. 도무지 섹스에 아무런 관심도 없는 아내 때문에 결혼 생활이 재미없다고 하소연하는 남자들도 있는데 이 역시 아내 쪽의 배려가 부족하다고 할 수밖에 없다. 너무 지나친 것도 문제지만 너무 모자라서 결혼 생활의 흥미를 반감시키는 밋밋한 섹스도 분명 문제다.

두 사람의 성장과 발전을 저해하는 억압

우리는 인간이다. 그러므로 부부 사이의 성 문제도 인간적인 견지에서 살펴봐야 한다. 금욕주의가 팽배했던 서양의 중세기를 왜 암흑시대라고 하겠는가. 인간의 본능을 강제로 억압하니 자연 사회 전체가 어두울 수밖에 없었다. 인간의 본능은 억압한다고 사라지는 게 아니다. 처음에야 어느 정도 억압이 가능하겠지만 결국은 압력을 이기지 못해 분출하게 되어 있다.

정신적인 것이든 사회적인 것이든 억압이 두 사람의 성장과 발전을 저해한다면 그것은 더 이상 사랑이라고 할 수 없다. 그런데도 많은 사람이, 심지어 젊은 이십 대들조차 사랑이라는 허울로 서로를 구속하고 억압하는 것은 참으로 안타까운 노릇이 아닐 수 없다.

인간의 본능이나 욕구는 나쁜 것이 아니다. 단지 그것을 표현하고 얻는 과정에서 어떤 방향으로 나아가느냐가 중요하다.

사랑이 어려운 이유

집이 좋은 이유는 가면을 벗고 있는 그대로의 자기 모습을 보여도 받아들여지기 때문이다. 마찬가지로 사랑이 좋은 이유 역시 비난당하지 않고 자기의 욕구를 자연스럽게 표출하고 또 그것이 받아들여질 수 있기 때문이 아닌가. 그다음 서로 관심을 두고 배려하는 마음으로 상대방이 원하는 욕구를 절충하고 타협하는 과정을 거칠 수 있으면 된다. 그런데 그 과정까지 가보지도 못하고 상대방의 욕구는 무조건 나쁘고 내 욕구만 중요하다고 여긴다면 어떻게 사랑이 자랄 수 있을까.

상대방의 욕구는 있는 그대로 수용할 것! 그런 다음 타협 과정에서 자신의 욕구와 상대방의 욕구를 다 함께 충족시킬 수 있는 최대공약수를 찾아봐야 한다. 이때의 방향은 당연히 서로 격려하고 성장시킬 수 있는 것이어야 한다.

사랑이 어려운 이유는 두 사람이 동시에 서로의 욕구를 다 충족시키기를 바라는 관계이기 때문이다. 그것에 성공하려면 다른 방법이 없다. 서로의 성장과 발전을 위해 배려하고 타협하고 절충해가는 수밖에. 사랑에도 비즈니스가 필요하다. '네가 하고 싶은 것을 내가 도와주고, 내가 원하는 것을 네가 도와준다'가 진정한 메시지가 되어야 한다.

어떤 것으로도
채울 수 없는
사랑에 대한
갈망

앞에서도 언급했듯이 인간의 사랑은 대부분 자신의 불안과 두려움을 덮으려는 데서 시작된다. 특히 사랑에 허기진 사람들은 그것을 추구하는 데 강박증적인 양상을 보인다.

스물일곱 살의 한 남자는 여자들에게 바람둥이로 소문 나 있었다. 하지만 그는 소문을 인정할 수 없었다. 자신의 공허감을 채워줄 수 있는 여자를 만나기 위한 하나의 과정일 뿐이라고 생각했기 때문이다.

실제로 많은 여자를 만나봤지만, 그 남자의 공허감을 채워주는 여자는 없었다. 아무리 아름답고 자극적인 육체를 가진 여자라도 몇 번 만나면 시들해졌다. 이런 일이 반복되자 그는 더욱 불행해졌으며, 사랑의 절대성은 더욱 믿지 않게 되었다.

그 남자의 어머니는 언제나 지성적이고 우아한 모습으로 주변 사람들의 부러움을 한몸에 받아왔다. 하지만 그 남자가 기억하는 어머니는 세상에서 가장 냉정한 여자였다. 그도 그럴 것이 그는 어린 시절부터 지금까지 단 한 번도 어머니의 손을 잡아본 적이 없다. 다림질한 자신의 옷이 구겨질까 봐 어린 아들을 안아주지도 않는 어머니였다고 하니, 그의 성장 과정이 어땠을지는 짐작하고도 남음이다.

그 남자는 늘 같은 꿈을 되풀이해서 꾸었다. 꿈속에서 그는 언제나 혼자 무언가를 찾아 안개 속을 헤매고 다녔다. 그러다가 어느 순간 뭔가를 찾은 것 같아 움켜쥐었지만 곧 빈손임을 발견하고 소리 내어 울다가 깨곤 했다.

그는 냉정하고 이기적인 어머니에게 복수하고 싶었지만 그보다 더 간절히 필요한 것은 사랑을 채우는 일이었다. 하지만 사랑의 허기는 마치 시시포스의 신화와 같아서 아무리 먹어도 채워지지 않는다. 이런 사랑의 허기로 몸부림치는 사람들은 의외로 많다.

일례로 어릴 때 단벌로 지내며 남들에게 손가락질을 받았던 쓰라린 기억에서 벗어나지 못해 지금도 닥치는 대로 옷만 사 모으는 사람도 있다. 어느 재벌 회장이 인터뷰에서 "어렸을 때 많이 굶주렸는데 그것이 아직도 어두운 기억으로 남아 있다. 지금도 이따금 먹어도 먹어도 배고픈 것처럼 느껴지는 때가 있다"라고 털어놓는 것을 본 적도 있다. 아마 자수성가해서 회사마다 자기 것으로 만들고 싶어 하는 심리도 결국 어린 시절의 굶주림과 무관하지 않을 것이다.

사랑받지 못한다는 것

:

가족은 우리가 태어나 처음으로 접하는 사회이고 부모는 처음으로 접하는 사람이다. 그들이 우리의 무력한 모습을 어떻게 보호해주고 어떻게 그 무력함을 사랑하는지를 보면서 우리는 사랑을 배워나간다. 그러나 오히려 열등감만을 들추어내거나 이기적인 사랑만을 보여주는 부모도 있다.

사랑의 허기에 시달리며 성장한 아이에게 그 굶주림의 독은 너무나 치명적이어서 어떤 사랑으로도 채울 수 없는 경우가 대부분이다. 만약 하나의 사랑에 안주하지 못하고 자꾸 떠돈다면 자신이 사랑의 허기 상태에 놓여 있는 건 아닌지 살펴봐야 한다.

사랑의 허기를 알려주는 경고 증상은 여러 가지가 있다. 아주 작은 일에도 폭발적으로 분노하고 후회하는 일을 되풀이하거나, 남들에게 제대로 평가받거나 사랑받지 못한다는 생각이 계속해서 들기도 한다. 사랑하는 사람에게 서슴지 않고 독설과 비난을 퍼부어놓고서, 그 사람이 자기를 버리고 떠날까 봐 전전긍긍하기도 한다. 늘 사람들과 거리를 두거나 어릴 때 받은 상처로 언젠가는 복수할 생각을 하고 있는 경우도 마찬가지다.

앞의 남자처럼 사랑의 절대성을 믿을 수 없는 사람이 사랑에 회의적인 태도로 이성 편력을 계속한다면 더 이상 바람둥이가 아니다. 자신과 자기 삶의 진정한 의미를 알지 못해 불안해하며 그것을 찾아 떠도는 불행한 남자에 불과하다. 그걸 잘 알면서도 경고를 무시하고 방황을 멈추지 못한다면 그는 더욱 불행해질 수밖에 없다.

Chapter 7

이별이
없으면
만남도 없다

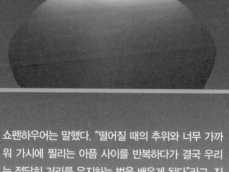

쇼펜하우어는 말했다. "떨어질 때의 추위와 너무 가까워 가시에 찔리는 아픔 사이를 반복하다가 결국 우리는 적당히 거리를 유지하는 법을 배우게 된다"라고. 지금 당신은 어떠한가? 서로의 체온을 느끼지 못할 정도로 너무 떨어져 있는 것은 아닌가? 아니면 너무 가까이 다가가 서로를 찔러대는 가시를 세우고 있는 것은 아닌가?

사랑도 결국은
인간관계가 바탕이다

⋮

한때 인기를 끌었던 TV 프로그램 중에 「마녀사냥」이란 방송이 있었다. 나는 처음 그 프로그램을 보고 깜짝 놀랐다. 프로그램에 대한 사전정보가 없는 상태여서 더 그랬는지도 모르겠다. 남녀 관계에 대해 그토록 과감한(혹은 과격한?) 이야기들을 여과 없이 이어가는 사회자와 일반인들의 모습이 놀라웠다. 한편으로는 우리가 너무 오래 금기에 묶여 있었다는 생각이 들면서 '속 시원한 느낌'을 받기도 했다.

우리 삶의 모든 것들이 자본주의 논리에 따라 상품화된 지 이미 오래다. 요즘은 심지어 연애 기술도 돈 주고 배우는 시대다. 그러니 TV에서 예전에는 상상하기조차 어려운 수위의 연애 이야기를 쉽게 털어놓는 것이 당연한지도 모른다.

문제는 그렇게 거리낌이 없건만, 그러면서도 마음 한편은 여전히 텅 빈 것 같다는 점이 아닐까. 그러다 보니 뭔가 진짜를 놓치고 있는 듯한 기분이 든다. 진짜에 대한 명확한 답이 있는 것도 아니면서.

우리는 왜 연애를 하고 사랑을 할까?

"도대체 우리는 왜 연애를 하고 사랑을 할까?"에 대해서는 비교적 명확한 답이 가능하다. 바로 그 자체가 삶이기 때문이다. 바로 우리 몸 자체가 얽힘을 원하고 관계를 원해서다.

우리 뇌에는 1000억 개의 세포가 있고 세포 하나당 무려 10만 개의 연결고리가 있다. 그리고 그 연결고리의 얽힘에서 제 역할을 하지 못하는 세포는 도태당한다. 세포가 살아남으려면 계속해서 얽힘을 이어가야 한다. 그처럼 우리 삶에서도 계속해서 누군가와의 얽힘, 즉 관계를 이어가지 않으면 그건 더 이상 삶이 아니다.

더구나 남녀 간의 만남과 얽힘은 또 다르다. 거기에는 우리 심장을 뛰게 하는 감정이 있고, 이야기가 있고, 가장 강력한 커뮤니케이션 수단이 되는 터치가 있다. 누구인들 매력을 느끼지 않을까. 그래서 사랑은 인간 삶의 영원한 레퍼토리가 된다. 하지만 그만큼 강렬하기에 우리는 실패를 두려워하고 상처를 두려워한다. 그러다 보니 많은 사람들이 본격적인 연애에 앞서 '썸'을 탄다.

요즘, 썸 타고 계십니까?

연애에 앞서 썸을 타는 가장 큰 이유는 바로 상처받기 싫어서다. 지난번에 아들과 통화하다가 실패할 것이 두려워 새로운 일에 도전하기 힘들다는 요지의 이야기를 나눈 적이 있다.

무슨 일이든 도전하지 않으면 가능성은 제로다. 하지만 도전하면 그 가능성은 50퍼센트가 된다. 실패하거나 성공하거나 둘 중 하나니까. 흔히 하는 비유로 로또에 당첨되려면 일단 먼저 복권을 사야 하는 것이나 같다. 물론 그런 사실을 모르는 사람은 없다. 그런데도 우리는 새로운 도전 앞에서 자주 망설인다. 실패할 것이 여전히 두려워서다. 마찬가지로 우리는 인간관계에서도 도전을 겁낸다. 먼저 손 내밀었다가 거부당하고 상처받을까 봐 두려워한다. 더욱이 연애가 실패로 돌아가면 그 상처는 때로 무시무시한 흔적을 남긴다. 따라서 쉽게 연애에 뛰어들지 못하고 계속해서 썸만 타는 것도 이해가 간다. 과감히 "50퍼센트의 가능성에 뛰어들어야 한다"고 말하고 싶지만 그것도 쉽지 않다. 연애는 로또가 아니다. 로또는 "당첨되면 감사하고 안 돼도 할 수 없지"라고 말할 수 있다. "뭐, 그냥 재미로 해보는 거니까"라고 말할 수도 있다. 그러나 연애만큼은 도저히 그렇게 말할 수가 없다.

더구나 지금은 SNS 시대다. 요즘 검찰 수사에서 범인의 흔적을 찾는 데 가장 많이 활용하는 것이 SNS라고 한다. 만약 연애를 시작하면 그 사적인 이야기가 SNS에 흔적으로 남는다. 오죽하면 연애가 깨졌을 때 SNS에서 흔적을 지워주는 앱이 나왔을까. 그러니 본격적으로 연애에 뛰어들기 전에 더 썸을 타는 건지도 모른다.

하지만 사랑을 갈구하는 것 자체가 바로 삶이고 자신도 모르게 연애에 뛰어들고 마는 순간이 오는 게 인생이다. 그러므로 사랑의 순간이 찾아오거든 너무 길게 썸만 타고 있지 않기를 바란다.

상대가
내 삶에
끼치는
'영향의 무게'

어느 결혼정보회사에서 'SNS 메신저가 연애에 미치는 영향'에 대한 조사 결과를 공개한 적이 있다. 놀랍게도 미혼 남녀 10명 가운데 6명은 사랑 고백이나 이별 통보를 SNS 메신저로 한 적이 있다고 대답했다. 그 이유에 대해 전체의 35.5퍼센트가 '상대의 반응이 두려워서'라고 답했으며, 그다음으로 '글로 쓰는 것이 더 쉬워서(타이핑하는 것)' '상대방의 반응을 한번 떠보고 싶어서'라고 답했다. '연애를 SNS로 배웠다'라고 해도 과언이 아닐 정도다.

SNS를 통해 너무 쉽게 만나고 쉽게 헤어지다 보니 연애에 대한 회의감과 피로도가 높아지고, 인스턴트식품처럼 사랑을 가볍게 여기는 시대가 된 것 같기도 하다.

'사랑을 글로 배웠어요'
⋮

SNS를 통해 우리가 지나치게 많은 정보를 접하는 것은 분명하다. 그러다 보니 내가 알고 싶지 않은 정보들까지 속속들이 알게 되는 부작용도 만만치 않다. 알게 모르게 그런 정보들에 노출될 때마다 영향을 받지 않을 수 없으니까 말이다.

그런 영향은 무의식 속에 저장되었다가 비슷한 상황이 닥치면 행동으로 튀어나오거나 나도 모르는 사이에 가치관에 영향을 줄 수도 있다. 어떤 경로든 그 영향을 무시할 수는 없다.

제대로 된 연애를 못 해본 사람일수록 SNS에 떠도는 정보들에 혹하는 경우가 많다. 대개는 그런 여러 가지 팁 때문에 상대방을 오히려 제대로 보지 못하는 경우가 생기는 것도 재미있는 현상이다. 그런데도 사람들이 SNS에 집착하고 그것을 사용해 연애를 하려는 심리는 역시 방어기제 때문이다.

이별을 통보할 때 SNS를 이용하는 것이 그 전형적인 사례다. 그들은 상대방을 직접 만나서 겪어야 하는 자존심 구겨지고 구차한 일들을 경험하고 싶지 않은 것이다. 좀 더 냉정하게 이야기하면 어떤 식으로든 손해를 보지 않으려고 하는 심리가 문제다.

하지만 SNS로 이별을 통보하는 것은 정말 매너 없는 행동이다. 통보를 하는 쪽보다 받는 쪽의 충격이 훨씬 크다는 점에서 더욱 그렇다. 게다가 그와 같은 충격은 앞으로 그 사람의 연애관에도 큰 영향을 미치게 된다. 사랑에 대한 회의감이 늘다 보니 연애의 무게도 점점 가벼워질 수밖에 없다.

나중에는 상대방에게 SNS로 이별을 통보하는 일쯤은 아무렇지도 않게 여기게 될지도 모른다. 그만큼 사랑에 무게중심을 두지 않게 되며 그런 스타일의 연애에 익숙할수록 그런 패턴을 깨기도 점점 더 힘들어진다.

참을 수 없는 연애의 가벼움

가벼운 연애를 하는 이유는 헤어졌을 때 상처를 덜 받고 싶어서다. 다시 말해 상대방이 내 삶에 끼치는 영향의 무게를 줄이고 싶은 것이다. 그러므로 진지한 관계에서처럼 진짜 자신을 열어 보이거나 할 생각은 애초에 없다고 봐야 한다. 그런 관계가 오래갈 리없다. 대개 상대만 바뀔 뿐 똑같은 상황이 계속된다.

하지만 결혼 적령기가 다가오고 나이를 먹을수록 가벼운 연애만 하고 있긴 어렵다. 더구나 그때가 되어 진지하게 누군가를 만나려고 할 때 자신이 진정 어떤 사람을 원하는지 알 수 없는 경우도 많다.

진짜 사랑을 주고받을 만한 상대를 만났을 때도 문제다. 아무리 사랑하는 사람을 만났을지라도 한번 익숙해진 행동을 쉽게 바꾸기는 어렵다. 일단 의심부터 하고 그 사람과의 관계를 지금껏 만나온 사람들과 같은 방식으로 다루려고 한다. 그편이 편하고 이미 그것에 익숙해져 있기 때문이다.

그러므로 제대로 된 연애를 하고 싶다면 직접적인 시선과 터치가 오가고 따뜻한 교감이 있는 관계를 추구하고 그쪽으로 마음을 써야 한다. SNS나 카톡으로 보내는 텍스트에서 벗어나 진짜를 경험할 수 있어야 한다.

어장관리하는
사람들의
숨겨진
심리

'썸을 타다'라는 말보다 남녀 관계에서 훨씬 더 오래전부터 널리 퍼져 있는 말이 '어장관리'다. 어장관리의 사전적(?) 정의는 이렇다.

"여러 이성에게 호감과 여지를 주면서 계속 연락을 유지하는 행위. 애인이 생겨도 다른 이성을 끊어내지 못함."

어장관리에도 기준이 있을까? 대개 하는 사람보다 당하는 사람이 기분 나쁘면 어장관리로 봐야 한다고들 한다. 구체적으로는 애인이 있어도 두 명 이상의 이성과 연락하고 돌아가며 만나는 것, 의미 없는 카톡을 날리다가 상대가 진지해진다 싶으면 발을 빼는 것, 한동안 연락도 없다가 오랜만에 "뭐해?"라고 하면서 '찌질하게' 연락하는 것 등이 어장관리의 기준이다.

한두 번 그런 일을 당하고 나면 "꼭 못생기고 말 많은 것들이 그런 짓을 한다"며 화를 내는 경우도 많다. 상대방들은 신경도 쓰지 않는데 저 혼자 어장관리하는 타입도 화를 부르기는 마찬가지라고. 가장 나쁜 것은 어장관리하는 행위 자체를 즐기는 타입이라고 한다.

쿨 하고 싶지만 쿨 하지 못한 사람들
:

어장관리하는 사람들의 심리를 들여다보면 대개는 애정결핍인 경우가 많다. 이 경우 상대는 아무라도 상관없다. 다만 내게 호감을 보이는 누군가가 손만 뻗으면 닿을 수 있는 거리에 실재한다는 사실이 중요하다. 그 사실에서 자신의 자존감을 찾는다. 그들이 자존감을 남한테서 찾는 이유는 물론 스스로 찾을 수 없어서다. 스스로 자존감을 높이는 방법을 모르거나 알고 싶어 하지 않기에 자기 대신 자존감을 높여줄 누군가를 찾는다.

스스로 자존감을 찾으려면 자신의 나쁜 면이나 상처, 내면적 상황 등을 떠올리고 그것을 뚫고 나가는 강한 마음을 다지는 과정이 반드시 필요하다. 하지만 이 과정은 시간이 오래 걸리고 고통스럽다. 따라서 그걸 겪는 대신 나의 내면이 아닌 밖에서 나에게 호감을 보이는 사람을 여러 명 만들어내서 자존감을 채우는 것이다.

그들은 대개 심리적으로도 불안정하고 혼란스러운 경우가 많다. 따라서 결정을 유보하며 이러지도 저러지도 못하고 불안정한 상태를 유지하는 데 익숙하다. 겉으로는 안정적인 것을 원한다 할지라도 불안정한 상태에 놓였을 때 무의식적으로 더 편안함을 느낀다.

이 과정이 반복되면 습관으로 굳어져 안정감을 원하는 때가 오거나 괜찮은 상대를 만나더라도 알아보지 못하는 일이 생긴다. 설령 알아본다 한들 제대로 대하는 방법을 몰라 더욱 혼란스러워지고 그 안에서 행복을 찾지 못한다.

그물을 끊어내라

어장관리는 그것을 당하는 상대방에게도 나쁜 영향을 미친다. 한두 번 그런 일을 겪다 보면 이성을 만나도 반사적으로 자신도 모르게 의심부터 하게 된다. 그렇게 되면 연애를 시작하는 것부터 망설이게 되고 시작은 했더라도 결과적으로 잘 이어지지 못할 확률이 높아진다.

따라서 일단 상대방한테서 어장관리의 기미가 느껴지면 바로 그물을 끊어내는 것만이 최선이라는 게 당해본 사람들의 주장이다. 어장관리하는 사람의 특징이 관리 대상이 연락을 끊으면 오히려 매달린다고. 하지만 일단 매달리기는 해도 사귀는 단계로까지는 발전하지 못하는 것도 그들의 특징이다. 그들이 매달리는 것은 자신이 사랑받고 있다는 느낌을 받기 위해서일 뿐이다. 앞서 언급했듯이 그들에게는 그 대상이 누구든 상관없다.

흥미롭게도 스스로 기꺼이 물고기가 되겠다고 하는 사람들도 있다. 다른 이성이 다 떨어져나가고 자기만 남았을 때 차지하겠다는 절박한 심리 때문이다. 그런 경우 대개 상대는 다른 이성을 찾는다는 것이 문제라면 문제다. 하지만 그런 타입은 답이 없으므로 당해보고 깨달을 때까지 그냥 둘 수밖에 없다. 이래저래 어장관리역시 썸을 타는 것만큼이나 피곤한 일인 셈이다.

한 번도
바람 안 피운 남자는 있어도,
한 번만
바람피운 남자는 없다

독일 작가 빌헬름 게나치노는 『두 여자 사랑하기』라는 책을 썼다. "이게 무슨 말도 안 되는 얘기람?"이라는 말을 하고 싶겠지만 책을 읽다 보면 작가의 의도가 이해되기도 한다. 주인공인 중년의 남자에겐 유디트와 잔드라라는 두 연인이 있다. 두 여자는 모든 면에서 극적인 대조를 이루었는데. 작가의 표현을 빌리면 이렇다.

"유디트가 빛을 추구하는 것도 멋진 일이요, 잔드라가 빛이 없어도 살 수 있다는 것도 칭찬할 만하다."

그토록 서로 다른 두 여자인 만큼 남자는 한쪽에서 채우지 못하는 것을 언제라도 다른 쪽에서 채울 수 있다. 세상에, 호사가 따로 없는 셈이다. 모든 남자들이 갈망하고 또 갈망하는 로망을 완벽히 실천하고 있다고나 할까.

물론 여자들끼리는 상대방의 존재를 전혀 모른다. 남자는 매우 공평하게 두 여자 사이를 오가며 역시 매우 공평하게 두 여자를 동시에 사랑한다. 그러면서 자신의 행동을 강력하게 변호한다.

"두 여자를 동시에 지속적으로 사랑하는 것은 적극 권장할 만한 일이다. 그런 사랑은 두 개의 튼튼한 닻을 내려놓는 것과 같다. 그런 사랑은 사람을 살찌우며, 내게 필요하다. 그건 음란하지도 야비하지도 특별히 본능적이거나 음탕하지도 않다. 오히려 지극히 정상적이다."

이쯤에서 독자들은 두 편으로 갈라지지 않을까 싶다. "아니, 이게 무슨 맞아 죽을 소리야?" 하는 쪽과 "와우!" 하고 찬탄의 비명을 지르는 쪽으로 말이다. 어쨌든 작가는 여기서 한발 더 나아가 이렇게 일갈한다.

"나는 그런 사랑을 부모의 사랑과 자주 비교한다. 누구도 부모 중 한쪽만을 사랑해야 한다고 주장하지 않는다. 어느 한쪽을 덜 사랑해선 안 되는 것이다!"

하지만 그에게도 어려운 순간이 닥친다. 기억 속에서 둘을 혼동하는 것이다. 예를 들어 뮌헨에 함께 갔던 사람이 잔드라였는지, 함부르크엔 유디트와 갔는지, 아니면 그 반대였는지 헷갈린다. 그때마다 참담한 기분이 들고 또 양쪽에 실수를 하게 될까 봐 걱정하기도 한다. 하지만 그럼에도 "두 여자가 기억 속에서 한 사람으로 합쳐지는 것이 행복하게 느껴지기도 한다"라고 말한다.

그 두 여자의 처지에서 보면 남자의 행동은 철면피에 불한당 같은 짓이다. 그런데도 작가는 끝까지 그 뻔뻔스러움을 고수해나간다. 그 덕분에 책은 꽤 재미있게 읽히지만.

영화 속에도 그런 사랑 이야기가 적지 않다. 「줄 앤 짐」이나 「글루미 선데이」도 어쩔 수 없는 선택으로 두 연인과 함께 살아가는 사람들의 이야기다. 아내와 연인을 동시에 사랑하는 남자의 이야기라면 더 많다. 「닥터 지바고」가 대표적이다.

하지만 현실에서라면 어떨까? 과연 동시에 두 사람을 사랑하는 일이 가능한 걸까? 그것이 매우 철면피한 짓이고 누군가에게 치명적인 상처를 줄 수 있는 일임은 분명하다. 그러면 정말 동시에 두 사람을 사랑할 수는 없는 걸까?

사랑이 불행으로 바뀌는 순간

:

"보시면 알겠지만 제 아내는 곧고 반듯한 사람입니다. 지적인 데다 언제나 사물의 이면을 꿰뚫어보는 힘을 갖고 있죠. 전 그런 아내를 사랑합니다. 저한테 아내는 둘도 없이 소중한 인생의 파트너입니다. 제 삶에서 그런 아내의 존재가 사라진다는 것은 상상도 할 수 없습니다."

인성 씨는 자신이 사업을 하는 데도 아내의 도움이 반드시 필요하다고 했다. 언제나 날카롭고 정확한 아내의 판단력에 지금까지 크게 의지해왔다. 인성 씨는 그런 아내를 어떻게 잃을 수 있겠느냐며 눈물까지 내비쳤다. 하지만 그에게는 사랑하는 또 다른 여자가 있었다. 그리고 그녀를 포기할 수 있느냐 하면 절대 그럴 수 없었다.

인성 씨의 말로는 그 여자는 아내에 비하면 모든 것이 한참 모자라는 사람이었다. 예쁘지도 않고 지적인 면은 더욱 없으며 그저한 마리 작은 새처럼 가여워서 그가 돌봐주어야만 하는 여자였다. 또 한 가지, 인성 씨는 그녀와의 섹스에 탐닉했다. 그런데 그건 이세상 누구도, 그의 아내조차도 채워줄 수 없을 정도로 그를 미치게 하는 요소였다. 그의 말을 듣고 있으면 두 여자가 다 필요해 보였다. 그의 욕심대로 가질 수만 있다면 말이다.

사실 인성 씨의 이야기는 하나도 놀랍지 않다. 왜냐하면 인성씨와 같은 타입이 생각보다 많이 있기 때문이다. 그와 같은 타입이란 한마디로 오로지 자기 자신에게만 관심이 있는 사람을 말한다. 자기중심적이고 이기적이라는 말로도 얼른 이해가 안 될 정도로 그들은 남들에 대해서 깊이 생각하지 않는다. 모든 일의 중심에는 오로지 자기 자신만 있으며 자신에게 필요한 것만 중요할 뿐이다.

상처는 언제나 흔적을 남긴다
⋮

그들은 자신이 원하는 것을 얻기 위해서라면 매우 지능적인 방법으로 상대방을 속이는 일도 서슴지 않는다. 그러면서도 자신의 행동이 상대방에게 상처를 주는 것이라고는 조금도 생각하지 못한다. 아니, 처음부터 그런 생각을 할 수 없다고 하는 표현이 옳겠다. 그들은 남들에 대해서 애초에 아무런 관심이 없는 사람이다.

흥미롭게도 그들은 겉보기에는 대단히 자유분방하고 개방적이며 상대방을 배려하는 사람처럼 보인다. 자기 자신을 포장하는 말솜씨도 대단하고 원하는 것을 반드시 손에 넣다 보니 능력도 크게 인정받는 경우가 많다. 당연히 사람들은 그들을 신뢰한다. 그런 타입과 결혼하거나 연애를 하는 사람 역시 처음에는 그들에게 크나큰 신뢰를 느낀다. 하지만 점점 시간이 흐르면서 본모습이 드러나기 시작하면 상황은 크게 달라진다.

그런 사람이 가족이거나 연인일 경우 상대방은 이루 말할 수 없는 상처를 받곤 한다. 자신의 필요와 욕구가 제대로 채워지지 않을 때 그들이 보이는 분노와 적개심은 상상을 초월한다. 그들에게는 언제나 자신의 필요와 욕구가 우선한다. 따라서 자기가 원하는 것을 손에 넣을 수 있는 동안에는 주변 사람들에게도 비교적 부드럽고 믿을 수 있는 사람처럼 보인다. 그러나 만에 하나 자신이 원하는 바를 갖지 못하도록 방해하는 날에는 그의 본모습이 여지없이 드러난다. 그 순간에는 가족도 연인도 그에겐 방해꾼일 뿐이다. 그러면서도 일말의 죄책감도 느끼지 않는 경우가 대부분이다.

앞서 예로 든 인성 씨의 경우가 대표적이다. 그는 아내와 애인 둘 다 잃고 싶지 않다는 이유로 정신과 상담까지 이용하려고 덤비는 남자다. 그는 자신의 행동이 아내에게 얼마나 끔찍하고 치명적인 상처를 줄지에 대해서는 아예 생각조차 하지 않고 있다. 다만 자신에게 아내가 없어서는 안 될 존재이므로 무슨 수를 써서라도 곁에 붙들어두려고 할 뿐이다. 게다가 그것을 사랑이라 우기고 있다.

애인에게는 아내와 이혼할 수 없다는 사실을 통보하고 그녀도 동의하고 있다고 주장했다. 하지만 그녀 역시 그와의 관계에서 상처를 받고 있는 것이 분명하다. 다만 자신의 의지로 어떻게 할 수 없으므로 남자가 하자는 대로 하고 있을 뿐이다.

자기중심적인 사람은 언제나 자신이 옳은 줄 안다
:

물론 대부분의 남자가 결혼 생활에 문제가 생겼을 때 이혼하기를 꺼린다. 이건 내 이야기가 아니고 융의 말이다. 융은 '알 수 없는 이유'로 여자보다는 남자가 이혼을 더 두려워하며 웬만하면 결혼 생활을 유지하려 노력한다고 주장했다. 아마도 안정된 결혼 생활이 남자에게는 일종의 닻과 같은 역할을 하기 때문인지도 모른다.

실제로 임상 경험을 봐도 부부 사이에 문제가 있을 때 많은 남편들이 이혼만은 하지 않으려고 한다. 그 반면에 아내는 단호하게 이혼을 원하는 경우가 훨씬 더 많다. 특히 남편이 외도했을 때 그런 경향은 훨씬 더 두드러진다.

인성 씨 역시 그런 이유로 아내와 헤어질 수 없다고 했다면 타협의 여지가 있었을지도 모른다. 하지만 그는 오로지 자신의 필요와 욕구를 채우기 위해 아내를 곁에 두려고 했을 뿐이다. 어떻게 그럴 수 있는가 하고 화를 내봤자 소용없다. 그들이 으스스할 정도로 자기중심적이라는 것 외엔 달리 해답을 찾을 길이 없다.

나이가 들면
연애가
두려워지는
이유

많은 여성들이 이십 대에는 맹목적인 연애가 가능했다고 이야기한다. 그런데 삼십 대가 되니 사람이 먼저가 아니라 조건이 먼저 보여서 쉽게 마음을 열 수 없다고 한다. 이것이 나이에 따른 자연스러운 변화인지에 대해서는 물론 개인차가 있으리라. 다만 나이가 들어가면서 현실적인 상황에 더 많이 부딪히다 보니 조건을 먼저 보게 되는 것은 어쩔 수 없는 측면이라고 할 수 있다.

나이가 들수록 경제적으로 여유 있는 상태에서 시작하고 싶은 마음도 이해가 간다. 출발부터 다르게 시작해야 앞으로 고생을 덜할 테니까. 젊어서 고생은 사서도 한다고, 아직 이십 대일 때는 젊은 피가 살아 있기에 고생스러운 연애도 그다지 고생으로 느껴지지 않는 법이다. 하지만 나이가 들면 그런 고생스러움을 겪으면서까지 연애를 해야 하는지 회의가 드는 것이 당연하다. 따라서 서로의 경제적인 부분을 채워줄 수 있는 사람을 만나고 싶어 한다.

조건이 좋은 사람은 한정되어 있기 마련이다. 더구나 내 주위에서 수준에 맞거나 나보다 나은 조건을 가진 사람을 찾으려고 하면 더욱 마땅한 사람이 드물다. 결국 나이가 들수록 연애는 점점 어려워질 수밖에 없는 셈이다.

조건이 전부는 아니다

또한 삼십 대는 이미 몇 번의 연애 경험 덕분에 "그 남자가 그 남자다"라는 말에 동의하게 되는 나이다. 그러니 연애 과정을 새로운 누군가(그것도 대개는 나처럼 비슷하게 살아온 지쳐 있는 삼십 대의 누군가)와 또다시 반복하는 일은 하고 싶지 않다. 오히려 드러내놓고 귀찮다고 하는 여성들도 있다. 그보다는 어차피 결혼을 할 거라면 조건을 따져보고 실속을 챙기는 편이 낫다고 말한다.

그러나 살다 보면 처음의 조건이 전부가 아니라는 사실을 깨닫는 때가 온다. 조건도 중요하지만 자신의 가치관을 어디에 둘 것인지 결정해야 한다. 나이가 들수록 좋은 사람을 만나야 한다는 강박이 커진다고 하지만 그 전에 '좋은 사람'에 대한 기준을 먼저 생각해봐야 한다.

무엇보다도 다른 사람에게는 좋은 사람일지라도 나에겐 아닐 수 있다는 점을 명심해야 한다. 그런 다음 포기할 것은 포기하고 받아들일 것은 받아들여야 한다.

특히 결혼은 실속을 챙기는 데 집착해서 조건만 보고 했다가는 나중에 몇 배로 괴로움을 겪는 수가 있다. 결혼은 어떤 의미에서 돌발 상황의 연속이라고 할 수 있다. 물론 그중에는 상대의 조건으로 해결할 수 있는 문제도 있다. 하지만 그렇지 않은 것들 또한 무수히 많다. 그러므로 위기를 헤쳐나갈 수 있는 힘을 어디서 어떻게 찾을 것인지 알아보는 게 진정한 결혼의 조건이라고 해도 틀린 말이 아니다.

그 힘을 나한테서 더 많이 찾을 것인가, 상대방에게 조금 더 의지하고 싶은가, 아니면 동등한 관계에서 해결점을 찾고 싶은가. 자신의 이런 성향을 알고 거기에 부합하는 사람을 만나야 한다.

그리고 보면 이래저래 나이 들수록 연애가 힘들어질 수밖에 없을 듯하다. 다만 너무 따지는 게 많아서 쉽게 연애를 시작하지 못하는 것은 다소 문제가 있다. 그러므로 내 직관이 좋은 사람이라고 알려주기만 한다면 너무 조건을 따지지 말고 연애를 시작해도 되지 않을까 싶다.

상대를 소유하려는 욕심 버리기

:

누군가에게 진정으로 몰입해 그를 사랑한다는 것은 한편으로는 자기 자신을 회복해가는 과정이라고 할 수 있다. 이제껏 자신이 누구인지 별 의심 없이 살아오던 사람도 진짜 자기 모습을 찾아

회복하고 발전시키고자 하는 벅찬 욕구를 느끼게 하는 것이 사랑이다. 덕분에 사랑에 빠져 있는 동안에는 조금도 지루할 틈이 없다. 자기 연애가 생명으로 가득 차 있으니 이 세상의 숨 쉬는 모든 존재에게서 생명을 발견하고 그 눈부심에 가슴이 뛰게 된다. 설사아주 하찮은 풀잎 하나일지라도.

심리학자 도로시 테노브는 그와 같은 몰입의 상태를 가리켜 사랑 대신 '리머런스(limerence)'라는 용어를 사용했다. 이 상태에 빠진 사람은 행복의 극치 속에서 공기 속을 붕붕 떠다니는 기분을 느낀다. 앉으나 서나 욕망의 대상만을 생각하다 만나는 시간까지 기다릴 수 없어 상대에게 달려간다. 그 사람을 보기만 해도 가슴에 저릿한 통증이 오고 그래서 미칠 듯이 기쁘며 마치 약물이 혈관을 타고 흐를 때처럼 온몸이 뜨거움으로 전율한다.

세상에 영원한 것은 없듯, 이 시기가 지나고 나면 사랑에도 일종의 휴지기가 찾아든다. 얼굴만 봐도 입가에 피던 웃음꽃 대신, 익숙함과 편안함이 자리 잡는다. 서로가 너무 적응이 된 탓일까? 가슴 떨리고 심장이 두근거렸던 그 시절을 그리워하기도 한다. 심리학자 스턴버그의 말을 빌리면 열정이 사라지고 친밀감이 자리 잡는 시기라고 할 수 있다.

그러나 아직 약속과 책임감이 제대로 뿌리 내리지 못했기에 여러 갈등과 그로 말미암은 파국이 가장 쉽게 찾아올 수 있는 시기이기도 하다. 이때 어떤 행동을 취하느냐에 따라 사랑은 그 모습이 여러 가지로 달라질 수 있다. 물론 성숙한 사람은 이 시기의 갈등을 거쳐 사랑이 성장한다는 것을 안다. 따라서 이 시기에는 서로 알아가고 맞춰가되 집착하지 않는 것이 중요하다.

사랑, 참 어렵다

⋮

많은 사람이 말하듯, 사랑은 참 어렵다. 아프고 복잡하다. 지리멸렬하며 감정 소모도 심하다. 그런데 사랑보다 더 어려운 게 있다. 그것은 바로 처음 그대로의 느낌과 모습으로 사랑을 지키고 온전하게 유지하는 일이다. 함께 잠을 자고, 함께 밥을 먹고, 함께 쇼핑을 하고, 함께 취미 생활을 하는 것처럼 맹목적이자 무자비할 정도로 모든 것을 '함께'하는 게 아니라, 적당한 안전거리를 유지하며 마주 보고 걸을 필요가 있다.

쇼펜하우어는 말했다. "떨어질 때의 추위와 너무 가까워 가시에 찔리는 아픔 사이를 반복하다가 결국 우리는 적당히 거리를 유지하는 법을 배우게 된다"라고. 지금 당신은 어떠한가? 서로의 체온을 느끼지 못할 정도로 너무 떨어져 있는 것은 아닌가? 아니면 너무 가까이 다가가 서로를 찔러대는 가시를 세우고 있는 것은 아닌가? 한번 되짚어볼 필요가 있다.

사랑을 한다는 것은 두 사람이 굳이 함께하기를 선택하지 않아도 별 문제 없이 살아갈 수 있지만, 더 행복하게 제대로, 잘 살기 위해 '함께하기를 선택'하는 것이다. 혼자 있기를 선택하면 사람 때문에 힘들거나 괴롭거나 아플 이유가 없다. 그래서 사랑은 선택이라는 이야기다. 그러니 외롭다고, 힘들다고, 불행하다고, 또는 의지할 곳이 필요하다는 이유로 누군가를 만나지 말아야 한다. 사랑을 도피처나 은신처로 삼지 말아야 한다. 사랑은 행복하려고 하는 것이므로.

연애를
잘하는
사람들의
공통점

연애든 결혼이든 그 과정에서 서로에게 하나뿐인 두 사람, 그들은 서로의 무엇을 보고 반했을까? 많은 사람들이 연애, 특히 결혼은 상대의 가족 수부터 현재의 재정 상태까지 많은 것을 보고 신중히 결정해야 한다고 말한다. 그중에는 당연히 외적인 것이 상당수 포함되며 여자는 외모, 남자는 돈이 있어야 한다는 보편적인 생각이 담겨 있다. 이 말은 상대의 외적인 조건을 우선시하고 연애를 시작하는 것이 결론적으로 득이 된다는 뜻이다.

　과연 그럴까? 뭐, 처음에는 그럴 수도 있다. 소비하는 것을 좋아하는 사람은 재력을 가진 사람들에게 호감을 느끼는 게 당연하다. 아름다움을 최상의 조건으로 두는 사람도 마찬가지일 것이다. 나이나 학벌, 집안 등 배경을 중요시하는 사람은 또 어떠한가. 하지만 모든 물질적인 것에는 한계가 있기 마련이다.

사랑을 하는 이유는 궁극적으로 자신의 삶에서 충분한 만족감과 행복감을 느끼기 위해서다. 그리고 행복의 주체는 나 자신이다. 태어나서 지금까지 오랜 시간 우리를 성장시킨 원동력은 언제나 보이지 않는 것이었다. 이를테면 어머니의 사랑이나 친구와의 관계에서 느끼는 따뜻함, 뭔가를 시도하고 싶어 하는 호기심 따위 말이다.

그뿐인가. 이 차갑고 무정한 세상에서 콩 한 쪽도 기꺼이 행복하게 나눠 먹을 수 있는 사람이 있는 삶과 그렇지 않은 삶의 차이는 너무나 크다. 하지만 외적인 조건만을 내세운 만남에서 그런 소소한 행복은 기대하기 어렵다. 외모도 능력도 영원히 소진되지 않고 내 곁에 계속 머물러 있다면 혹시 어떨지 모르겠다. 하지만 이 세상의 그 무엇이 유한하지 않으랴.

외적인 조건보다 내적인 면을 중시하는 일은 연애를 잘하는 사람들의 특징과도 연결된다. 그들은 처음 몇 번 외적인 면을 보고 누군가를 만나봤을 것이다. 그리고 그것이 자신의 삶에 조금도 도움이 되지 않고 오히려 자존감을 손상시킨다는 사실을 깨닫는다. 그러한 시행착오를 거쳐 자신에게 더 편하고 만족감을 주는 사람과 결혼을 하거나 연애를 한다.

그리 달달하지 않은 연애의 온도

⋮

실제로 상대방에게 지나치게 많은 것을 바라지 않는 것은 연애를 잘하는 사람들이 지닌 가장 큰 특징이다. 다시 말해 그들은 상대방에게 비현실적인 환상을 품지 않는다.

사람은 누구나 사랑하는 사람이 자신이 원하는 면모를 다 갖추었기를 바란다. 멋진 외모에 좋은 학벌과 많은 재산, 거기에다 똑똑하고 상대방을 배려할 줄 알고 유머감각까지 갖추었다면 더 바랄 것이 없다.

그러나 환상 속에서라면 모를까, 그 모든 조건을 갖춘 사람을 현실에서 만나는 것은 불가능하다. 그런데도 그 불가능한 것을 찾아서 환상 속을 헤매는 사람이 있으니 문제다.

그들이 환상을 품는 데는 물론 이유가 있다. 사랑하는 사람이 자신의 모든 기대치를 다 채워주는 마법 상자이기를 바라는 것이다. 그들의 내면에는 상대방이 자신의 모든 무의식적인 문제들을 해결해주기를 바라는 너무도 간절한 욕구가 들어 있다. 그들은 애초에 그와 같은 망상이 없었다면 연애를 시작하지 않았을지도 모른다. 그러다가 상대방에게 일방적으로 갖고 있던 환상이 깨지는 순간 그들은 견딜 수 없는 나락으로 추락한다. 그리고 대개는 다시 기회가 찾아와도 더 이상 연애에 쉽게 뛰어들지 못한다.

물론 사랑에 빠지면 누구나 상대방에게 자신의 전 존재를 투영하고 싶어 한다. 그러나 동시에 대부분의 사람은 그럴 수 없다는 것을 잘 안다. 특히 연애를 잘하는 사람은 일찌감치 그런 기대와 환상을 깨뜨려버린 사람이다. 그들은 어디에도 마법의 상자는 존재하지 않으며, 단지 한두 가지 매력만 있어도 충분히 사랑할 만한 가치가 있다는 것을 알고 있다. 그 덕분에 누구보다도 좀 더 쉽고 단순하게 연애를 이끌어나갈 수 있다.

실제로 상대방에게 현실적이고 제한된 것만을 기대하는 사람은 그만큼 불행도 덜 느낀다. 애초에 기대하지 않으므로 불평할 일도 없다. 반대로 환상에 바탕을 두고 자신의 전 존재를 상대방에게 투영하는 사람은 대개 비참하게 사랑이 깨지는 아픔을 감수할 수밖에 없다.

나의 조건은 완벽한가?
⋮

사랑에 대해 환상을 꿈꾸고 완벽주의를 적용하는 사람에게 사랑은 자신의 욕구가 빚어낸 신기루일 뿐이다. 신기루를 볼 때가 언제인가? 사막을 헤매다가 배고픔과 목마름에 지쳤을 때가 아닌가? 마찬가지로 우리가 환상이 가득한 사랑에 매달리는 이유도 영혼이 허기지고 메말라서인지도 모른다.

상대방에 대한 기대와 환상이 클수록 언젠가 더 큰 실망과 갈등이 찾아오는 것은 거의 변하지 않는 법칙이다. 따라서 그런 지나친 기대를 포기할 때까지 실망과 좌절은 계속될 수밖에 없다. 그것을 잘 아는 사람은 환상이 깨지는 순간이 바로 진짜 사랑이 싹트는 전환점이 된다는 것을 이해하고 받아들인다. 그리하여 그때부터 비로소 성숙한 사랑으로 한 걸음씩 나가려고 노력한다.

상대방에게 완벽한 조건을 기대하는 사람은 그 전에 자기 자신을 한번 돌아볼 필요가 있다. 나는 과연 상대방의 기대에 맞는 완벽한 조건을 갖추었는가? 상대방이 나에게 마법 상자나 구세주 역할을 바랄 때 과연 그 기대치를 채워줄 수 있는가? 대답은 당연히 "아니다"이다. 그런데도 그것을 상대방에게 바란다는 것은 게임의 규칙에도 어긋나는 일이다.

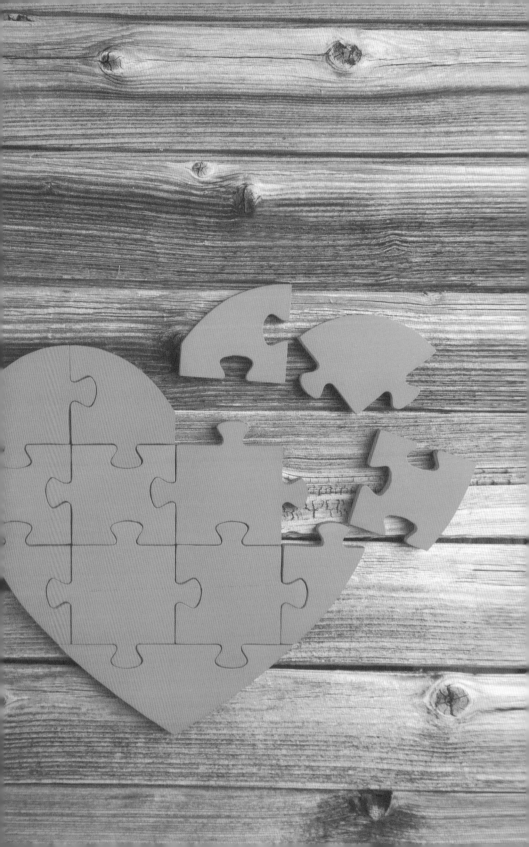

사랑은
'받는 문제'가
아니라
'하는 문제'다

"사랑하는 법을 배우는 습관이야말로 진짜 중요한 것이다."
제인 오스틴의 이 말은 사랑하는 법을 깨닫고 훈련하는 것이 얼마나 중요한지 다시 한 번 환기해준다.

하지만 사랑하는 법이 쉬이 익혀질 리 없다. 중요한 일은 결코 쉽지 않은 법이니까. 그 때문에 우리는 사랑을 제대로 이해하지 못한 채 사랑으로 걸어 들어간다. 그 단적인 예가 사랑의 좋은 부분만 보려는 행동이다. 지금 이 사랑이 영원히 좋은 쪽으로만 진행되기를 바란다고나 할까.

그러나 세상의 모든 일이 그러하듯이 사랑도 잘 안 될 때가 분명히 있다. 사랑하기 때문에 서로에게 바라는 점이 있는 것이고 그것이 충족되지 않으면 분노와 상처가 생기는 게 당연한 것이다. 성숙한 사랑은 그런 갈등과 좌절을 극복하는 것에서부터 출발한다.

그런데도 그것을 잘 받아들이지 못하는 사람들이 있다. 그들은 어느 순간 상대방에게 미운 마음이 들고 갈등이 생기면 그걸로 "우리 관계는 끝!"이라고 선언하곤 돌아서버린다. 그러면서 난 왜 늘 연애가 제대로 안 되는 거냐고 한탄한다. 갈등하고 상처받는 것이 싫어서 노력해보지도 않고 스스로 포기했다고는 생각하지 못한다.

그럴 때마다 생각한다. 성장하고 발전하는 사랑을 하기 위해서는 사랑에서도 능동적인 경영이 필요하다고. 마치 비즈니스를 할 때처럼 말이다. 하지만 사람들은 그런 개념 자체를 낯설어한다. 이상하게 사랑은 저절로 생겨나고 또 저절로 떠나가는 것이라고 믿는 경향이 있다. 사랑에도 경영이 필요하다는 개념을 잘 받아들이지 못하는 것도 그런 이유에서다. 하지만 '서로 사랑하는 것, 그것이 전부'인 세상에서 사랑만큼 절실하게 제대로 경영해야 하는 것이 또 있을까?

상대방을 있는 그대로 받아들이는 연습

:

사랑을 능동적으로 경영하려면 먼저 해야 할 일이 있다. 무엇보다 사랑하는 그 사람이 나와 다르다는 사실을 받아들여야 한다. 그런데 생각보다 많은 사람들이 그것을 힘들어한다. 그들은 사랑에 위기가 찾아오면 "그 사람이 나와 그토록 다를 줄은 미처 몰랐다. 달라도 정말 너무 다르다. 그러니 우린 도저히 함께할 수가 없다"고 주장한다.

그런 말을 들을 때마다 의문이 생긴다. 이 세상에 타고난 기질이나 성격, 성장 과정, 생활 습관, 정서 상태 등이 완전히 똑같은 사람은 아무도 없다. 따라서 아무리 사랑하는 사람이라도 서로 다른 것이 당연하다. 앞에서도 언급했듯이 그처럼 다른 점 때문에 상대방에게 끌리는 것이기도 하다. 그런데 이제 와서 그 차이 때문에 갈등이 일어난다고 상대방을 원망하며 미워해도 되는 걸까?

그런 문제로 갈등을 겪는 커플들이 한결같이 하는 말이 있다. "나라면 안 할 행동을 너는 왜 하는가?"이다. 맞는 말이다. 나라면 하지 않을 행동을 하는 상대 때문에 나는 괴롭다. 하지만 조금만 생각해보면 그가 그렇게 하는 이유는 나와 다르기 때문이다. 먼저 그 사실을 인정하고 받아들일 수 있어야 한다.

상대방이 나와 의견이 다른 것은 그가 나와는 다른 가치관, 다른 윤리관을 갖고 있다는 것을 의미할 뿐이다. 그것은 그 사람과 내가 얼굴 생김새가 다른 것이나 마찬가지다. 우린 상대방이 나와 얼굴 생김새가 다르다고 시비하거나 원망하지는 않는다.

우리에겐 상대방을 있는 그대로 받아들이는 연습이 필요하다. 그와 같은 훈련이 제대로 진행될 때 우린 비로소 성숙한 사랑을 향해 한 걸음 더 앞으로 나갈 수 있다.

물론 힘들겠지만 그때마다 되뇌어보라. 중요한 일은 결코 쉽지 않은 법이라고.

사랑은
언젠가
반드시
또 찾아온다

누구의 인생에나 크고 작은 실수, 감내하기 어려운 좌절과 절망, 상처와 슬픔 그리고 후회의 순간이 있게 마련이다. 그 반대편에는 물론 기쁨과 행복, 감격과 사랑으로 충만한 순간도 있다. 그 모든 순간이 모여서 지금의 나를 이루고 있다는 사실을 이해하고 받아들이는 것이 중요하다. 그렇게 할 때 우리는 무의식 속에서 불쑥불쑥 솟아올라 자신을 힘들게 하는 많은 감정으로부터 자유로울 수 있다.

사랑도 마찬가지다. 우리는 보잘것없고 남루한 사랑일수록 그냥 조용히 잊히길 바란다. 자신에게 아무런 추억도 아픔도 남기지 않은 채. 그러면 후회할 것도, 애달파할 것도 없으니까. 하지만 그런 일은 결코 일어나지 않는다.

그 연애가 아무리 지리멸렬하게 끝났어도, 그리하여 자신이 아무리 외면하려고 해도 그때의 경험은 자신의 무의식에 고스란히 남아 있기 마련이다. 그리고 그 경험의 영향력에서 자유롭지 못할 때 새로운 사랑 앞에서, 어쩌면 인생 전체에서 가야 할 방향을 잘못 짚는 일이 생길지도 모른다.

어떤 의미에서 사랑에 아파하는 사람들은 현재가 아닌 과거에 발목을 잡힌 사람들이다. 그러므로 지난 시간에서 어떻게 현명하게 벗어나느냐 하는 것이 지금의 내 모습을 결정한다고도 할 수 있다. 물론 사랑도 볼거리와 같아서 한 번의 경험으로 면역이 된다면 더는 바랄 게 없으리라. 하지만 그럴 수 없으므로 우리는 지나간 사랑에서 벗어나 지금 이 순간에 충실하지 않으면 안 된다. 그래야 또다시 새로운 사랑이 찾아왔을 때 현명한 시작을 할 수 있다.

"내겐 너와 헤어지는 것이 이미 충분한 벌이다."

제2차 세계대전을 배경으로 한 전쟁 소설에 나오는 유명한 구절이다. 실제로 이별을 앞둔 모든 연인들에게는 그 이별이 이미 충분한 벌이 되고도 남는다. 이 세상에 쓸쓸하고 가슴 아프지 않은 이별은 없을 테니까. 하지만 그처럼 사무치는 이별과 그리움의 감정조차 언젠가는 사라지는 순간이 오기 마련이다. 그것이 우리의 사랑이 갖고 있는 유한성이다. 그런데도 이따금 지금 사랑을 잃어버리면 영원히 누구도 사랑할 수 없을 것 같다며 고민하는 사람들을 만난다.

때로는 이별이 잘된 일이라는 걸 알면서도 혼자 남겨지거나 미래에 자신이 누군가를 만나 또다시 사랑하고 사랑받을 수 없을지도 모른다는 두려움에 과감히 그 이별을 극복하지 못한다.

그러나 머뭇거리고 주저하는 것은 상실의 고통을 직면하는 일이 두려워 생겨나는 불안에 지나지 않는다. 그리고 그것은 고인 물이 썩고 말듯이 결국 더 큰 아픔을 가져다줄 뿐이다. 상실과 이별 앞에서 머뭇거리고 주저하는 것은 성장을 방해하고 치유를 방해하고 쓸데없는 에너지를 낭비하는 것이라고 말한다면 지나친 단정일까.

누구의 삶에나 얼마든지 새로운 관계, 새로운 사람들을 만날 기회가 주어지는 법이다. 물론 한동안은 너무나 익숙한 그의 전화번호를 누를지 말지 망설일지도 모른다. 어느 때는 바보스러운 짓인 줄 알면서도 전화해 "여보세요" 하는 그의 목소리만 듣고 그냥 끊어버리는 일을 되풀이할지도 모른다. 그런 미련과 망설임에서 빠져나오는 일은 누가 곁에서 도와줄 수 있는 것이 아니다. 자기 자신의 결단에 의지하는 수밖에 없다.

세상에는 참으로 많은 다양한 사람이 있다. 단지 한 사람과의 경험만으로 모든 이성을 한 범주로 몰아넣는 것은 너무 어리석다. 언제나 사랑은 그렇게 아프게 끝나는 법이라고 지레짐작하거나 과잉 일반화하는 것은 옳지 않다. 이는 살아가면서 다양한 경험을 얻을 수 있는 기회를 스스로 박탈하는 셈이다.

그가 있었던 시간들로 말미암아 아픔이 너무 큰 사람은 "내게 또다시 사랑이 찾아온다고 말해줘!"라고 하면서도 도저히 그것을 믿을 수 없을지도 모른다. 하지만 사랑은 언젠가는 반드시, 또다시 찾아오는 법이다. 그것이 우리 생의 생성과 순환의 법칙이다.

나는 외롭다고 아무나 만나지 않는다

개정 1쇄 발행 2016년 12월 5일
개정 6쇄 발행 2021년 12월 7일

지은이 양창순
펴낸이 김선식

경영총괄 김은영
콘텐츠사업1팀장 임보윤 **콘텐츠사업1팀** 윤유정, 한다혜, 성기병, 문주연
마케팅본부장 이주화 **마케팅2팀** 권장규, 이고은, 김지우
미디어홍보본부장 정명찬
홍보팀 안지혜, 김재선, 이소영, 김은지, 박재연, 오수미, 이예주
뉴미디어팀 허지호, 임유나, 배한진 **리드카펫팀** 김선욱, 염아라, 김혜원, 이수인, 석찬미, 백지은
저작권팀 한승빈, 김재원 **편집관리팀** 조세현, 백설희
경영관리본부 하미선, 박상민, 김민아, 윤이경, 이소희, 이우철, 김재경, 최완규, 이지우, 김혜진

펴낸곳 다산북스 **출판등록** 2005년 12월 23일 제313-2005-00277호
주소 경기도 파주시 회동길 357 3층
전화 02-702-1724 **팩스** 02-703-2219 **이메일** dasanbooks@dasanbooks.com
홈페이지 www.dasanbooks.com **블로그** blog.naver.com/dasan_books
종이 ㈜한솔피엔에스 **출력** 민언프린텍 **후가공** 평창P&G **제본** 정문바인텍

ISBN 979-11-306-1055-9 (03320)

© 양창순, 2016

다산북스(DASANBOOKS)는 독자 여러분의 책에 관한 아이디어와 원고 투고를 기쁜 마음으로 기다리고 있습니다.
책 출간을 원하는 아이디어가 있으신 분은 다산북스 홈페이지 '투고원고'란으로 간단한 개요와 취지, 연락처 등을 보내주세요.
머뭇거리지 말고 문을 두드리세요.